暴力と輝き

暴力と輝き

アルフォンソ・リンギス
水野友美子＋金子遊＋小林耕二訳

水声社

本書は
《人類学の転回》叢書の一冊として
刊行された

目次

I　空間のなかの空間

II　目の落とし穴

III　神聖なもの

IV　暴力

I　空間のなかの空間

1　極限

わたしたちは解き放ち、リズムのなすがままにさせる。無心と、官能的な歓びと、共有の感覚で渾然一体となる。ダンスや音楽のなかでそれは起きる。四〇年前、きみは大西洋を船で渡った。一〇日間というもの、大洋の表面が波立つ景色だけを観てすごした。絶えず変化する波頭と波間に、すべての存在を見て、感じた。大洋での経験は、ダンスと音楽であり、それは物語的なものや逸話的なものがことごとく取り除かれた、根源的ではかりしれないものだった。

バリ島できみは重い病気にかかり、地元の医者のところへ行った。それから別のバリ人に診てもらい、もうひとりに見てもらい、それから西洋人の医者にかかった。かれらは肝炎だといった。それを治す薬はないという。「よくなるまで数週間、あるいは数カ月は待たなければなりませんね」。きみは海辺にある小屋に移った。バリ人はあまり海に行かない。沖合いでは、海流がウォレス線

〔ミンダナオ島の南海上からインドネシアの島々を貫く生物相の分布境界線〕にぶつかる。そこは七〇〇〇メートルの深さがあり、巨大なサメが回遊している海溝である。バリ人は高台や山の傾斜面にある段丘で暮らし、火山の火口湖から水を引いてくる。だが一日の終わりになると、何百人という人が海辺まで下りてきて、砂丘に座り、静けさをもたらしてくれる日没の時間を待ち受けるのだ。山の多い島のまわりはいつも雲がかかっている。太陽は空をカンカンに照らしだし、地上の他のどこにも見いだすことがないような色で、低い雲のかたまりを際立たせる。そのさまは、その日その日の夕方で異なり、刻々と変化する。きみはかれらのなかに座ると、宇宙的な輝《スプレンダー》きが、きみの苦悩と自己感覚を気化させていった。きみはしだいに、そこで治癒がおこなわれていること、そして自分がつくり変えられていくのを感じた。それから三〇年が経った現在も、バリ島で過ごした数カ月のあいだに出逢った人びとやできごとを思いだすことができる。しかし、その記憶にあの時の感情はもうこもっていない。にもかかわらず、熱帯のたそがれに見た宇宙的な輝きが、どれほど新鮮によみがえってくることか。

　フエゴ諸島から南極大陸へ渡るために、きみは巨大な船舶に乗った。なぜなら、小さな船では暴風を巻き起こす海風に吹かれて、海を渡ることができないからだ。その風はどんな陸地もものともせず、この惑星の上を全速力で駆け抜ける。あれは二〇年前のことだ。巨船には多くの乗組員が乗船していた。毎日、海洋学や、高名な南極探検家や、クジラやペンギンに関する講義を聴くことができた。夜になると、大きなテーブルを囲んで長い長い夕食がはじまる。そこでは、みなの会話が弾むように接客係の女性が、席から席へと歩きまわるのだった。きみが自分の客室で夕飯をとりたいと申しでると、たちまち社交嫌いの人だという評判になった。急に誰も話しかけてこなくなり、あいさつすら交わさなくなった。きみは人知れず、ゆっくりと海にむかって流れこむ氷河を黙って見つめる。ものすごい重量で押し固められた氷は、何百万年ものあいだ凍ったままで、その結晶構造に変化をきたしている。氷の岩盤の輝きは、すみれ色、ライム色、紺碧、インディゴなど多彩な色に凝固しており、太古からの恍惚がきみの心のなかに燃え上がる。

空から見たパタゴニアは南極の海に沈みゆく短剣であり、その平たい刃先に山の稜線がある。一〇年前にその場所をトレッキングしたとき、きみは伸び放題の牧草を踏みつけながら歩いていった。針金のように硬い牧草のせいで、羊は歯を根元まですり減らしてしまう。だから二歳になれば屠殺しなくてはならない。そう地元の人が教えてくれた。いまはウールや羊肉の市場が縮小したため、羊の群れはほとんど見かけなくなり、羊の農家もまばらに点在するだけだ。かれらの建物はトタンでできていて、太陽の光をさえぎるものは何もない。時速六〇キロの風速に耐えられる木はないから、せまい尾根に棲息する生き物たちは、海と海のあいだに挟まれているような状態なのだ。たえず吹きつける風がきみの内側をつらぬき、激しさと高揚が全身を満たしていた。パタゴニアのことを思い浮かべるとき、きみはきまってあの土地、そしてあの風のなかに、無性に戻りたくなる。

2　自然は真空状態を嫌う

哲学者のイマニュエル・カントは、人間には、純粋な空間、何もない空間、無限に広がる空間といった、空間への直観があると考えた。それは先天的に備わったものであり、ものに対する知覚を空間のなかに拡大することを可能にする。空間への直観は、視覚の一種である。カントは空間を既知の何かだと考えて、その特性や形状、それらの関係は、最初の完成した科学である幾何学によってとらえることができると結論づけた。

ところが、わたしたちの前方や周囲にある空間が「からっぽ」であることなどありえないのである。むしろ空間は光で、輝きで、音で、色彩で、薄暗さで、あるいは夜の暗闇で満ちている。ぬくもりや冷たさ、乾燥や湿気といったもので満ちている。草原に敷いた寝袋のなかで目覚めているとき、わたしたちは燃え上がるような広がり、まわりの暖かさ、真下にあるどっしりとした大地を見ているわけではない。わたしたちはその縦軸と横軸を測定することも、かぎりのない広がりを見渡すこともない。まだ理解できていないという消化不良の感覚を抱きながらも、身体の内側に感じる不変の大地に身をまかせる。わたしたちの生を活性化してくれる、ぬくもりや燦然とした光の輝きを感じつつ、そしてまた、一歩一歩をつなぎとめて支えてくれる地面の安定を感じつつ、身動きし、体を伸ばし、立ち上がり、歩きだす。わたしたちが自在に動くことができるのは、地面に支えられた、明るくて暖かい媒質のなかで生きているからだ。魚が水中にあるように。鳥が野外や風のなかにあるように。

光はわたしたちの眼前に広がり、部屋や廊下に輪郭を与える。日中の明るい日差しは、わたしたちを戸外へと導く。野原や小径をはっきりと示し、ものごとの外形に輪郭を与える。ものを見るように、光を見ることはない。光がわたしたちの動きを定める。目が光を追うのである。まわりの地表や地面のかたちが、わたしたちを歩みださせる。それが示す方向や指示にしたがうことで、前進するのだ。海のなめらかな波が、霊長類の垂直姿勢からわたしたちを解き放ち、横滑りし、滑走し、イルカのように跳びあがるよう導く。

ものたちは、からっぽの空間のなかにただ散らばっているのではない。ものは地面の上にある。地面はその場所でものの土台となり、わたしたちの立つところと、ものに働きかけようとする動きを支えている。ものが宙空に浮き、光のなかを漂っていることがある。湖のなかを泳ぎまわる魚がオタマジャクシに近づき、宙を旋回するツバメがブヨの群れへと飛びかかるとき、水のなかであれ光のなかであれ、わたしたちは魚やツバメと出会う。目はしばらくのあいだかれらの上に留まると、愉楽の輪を描きながらその姿を追いかける。

3　空間旅行

「頭を讃えることをひとまずやめて、足に目を向けてみよう」と、ジョルジュ・バタイユはいった。親指は人類にとって特殊な部分で、類人猿だけがもつ新しい身体の部位である。親指のおかげで、わたしたちは直立姿勢をとることができるのだ。

「ただ、足を見てみようじゃないか」とブルース・チャトウィンはいった。二本の足は長く、平行に並んでおり、前進するようにつくられているのだ。

パタゴニアの南端、たえず南極海の凍りつくような風が吹きつけるそこは、スペイン人が悪魔の岬《プンタ・グアリーチョ》と呼んだ土地である。わたしたちは洞窟を訪ねると、その壁にはさっと一筆で描いたような線や、ヘビのようにのたくった曲線、さまざまな円や点線が描かれている。人間の手の輪郭をかたどったものもある。これらの壁画が描かれたのはおよそ九〇〇〇年前だという考古学者もいる。

描かれた図形が何を意味しているのかは、推測することしかできない。途切れたり曲がったりした線や点は、それを描画した者がこの洞窟にやってくるまでに歩いた、途方もなく長い距離を感じさせるようではある。

一万三〇〇〇年前かそれよりも前の氷河期の時代に、人類の小さな群れが、現在のベーリング海峡を渡って、北アメリカ大陸にたどり着いた。もしくは、かなり危険をおかして海峡を越え、小さな舟で海岸沿いを下ったと今では考えられている。かれらは前進し、ついには、長い長い何百マイルもの氷河が氷堆積《モレーン》に変わり、緑の森林や内陸の平原に取って代わられるのを目にした。かれらは中央アメリカの半島を探索し、河口をうろうろした。その土地は、アンデス山脈からつづく海岸荒原であった。かれらは広大なアマゾンの密林に分け入った。何百マイルもつづく密林や砂漠を越えてさらに進み、この場所にたどり着くまで、さらに砂漠を通り抜けた。そして南極海の荒々しい海を前にして、それ以上進めなくなったのである。

この惑星の果てまで、ここから反対側に行ってみようと、きみはボルチモアからシカゴへ飛び、ソウルで飛行機を乗り継ぎ、ウランバートルへ飛んだ。最初に馬に乗った人がおぼえたであろう興奮、遠く離れたところへと駆け抜けていく興奮を、ジェット旅客機の乗客は味わうことができない。ジェット旅客機は、知覚認識を錯覚させるためにつくられたハイテク装置なのだ。時速九八〇キロの移動はまるで、静止していると感じられる機内の固定シートにじっと座っているかのように感じられることだろう。日中、窓の外に目をやれば、眼下に雲が流れていくのを目にすることもあるが、それで時速九八〇キロで進んでいる飛行機の移動や、時速一六六九キロで回転する地球の運動を正確に測ることは不可能である。すでに超リッチな観光客たちは、こうした静止状態を体験しようと、時速三万九〇〇〇キロで一九〇時間の移動をすることのできる宇宙の旅を経験しようとしている。雲ひとつない大空の下、ラクダに乗って広大なサハラ砂漠を二週間も旅すると、きみは砂丘の起伏を行くラクダのリズミカルな歩調や、みずからの神経回路や脳のなかにあるヨーガの行者や神秘主義者の沈着へといざなうリズムを知ることとなった。ところが、大陸間を移動するジェット旅客機の機内では何のリズムも感じられない。シートベルトで縛り付けられた座席の上で、体の筋肉は硬直していくばかりである。瞑想では、それとは正反対の状態になる。きみの心はささいで取るに足りない、気を散らすものに引き寄せられる。飛行機のなかでは映画を観るか、軽い小説でも読むしかない。モンゴルまでの一万二二五〇キロの移動では、何かをしたいというイライラした欲動と、そうした衝動を抑えようとするひどい虚脱状態が一八時間もつづくことになった。

とうとう、きみはウランバートルに到着する。

モンゴルの南半分は中国によって併合され、北部には巨大なロシアが広がっているとはいえ、今日では独立国であるモンゴルもまた広大な国だ。面積はフランスの三倍という大きさである。そこに二〇〇万人のモンゴル人が暮らし、半数は首都ウランバートルに住んでいる。それ以外の人々は遊牧民である。唯一の知人といえるホテルの受付係（なんと限られた情報源だろうか）に、そこかしこを見てまわる方法を訊いた。すると彼は、四駆の車を持っている人物のいるところを教えてくれた。車を借りると、運転手は英語を話せず、きみももちろんろくにモンゴル語が話せないのだが、必然的に運転手がついてくる。モンゴル人の連れがいなくては、車を使用することができない決まりなのだ。首都の外に出てしまえば舗装道路はおろか、なだらかな斜面には道らしい道もなく、交通標識ももちろん存在しない。

四駆の車はロシア製で、二一年前に生産されたものだった。自動車を所有する男は、モンゴルの端から端まで知悉しており、あらゆるところに友人がいるといった。むろん、そんなふうに自己紹介するだろうとは予想していた。彼はこの国をよく知っており、友人があちこちにいる。カメラひとつを盗るために、わたしの喉をかっ切ってしまうような仲間がいて、どこにでも置き去りすることができるのだ。そして、運転手はやってきた。きみは握手しようと彼に手を差しだした。きみのいうことを何ひとつ理解していない、この赤の他人に自分の身を委ねようというのであった。

「信用《トラスト》」は、自分がまだ知らないなにかを、あたかもすでに知っているものかのように受け入れることである（政治やメディアや企業の世界で、大雑把に「信用」と言い慣らされている事柄は、知識に基盤を置き、知識の量に応じて信用が増すのである。まるで化合物のサンプルや、不調和な物質のサンプルを抽出するときのように。企業が過去になした作業工程のサンプルを採取することは、かれらが未来においてなす作業に寄与する知識だと見なされる。いわばその企業が働く方法において、人びとの内側に「信頼＝確信《コンフィデンス》」を生みだすのだ）。未来を知ることはできないと知っているからこそ、「信用」なるものが成立する。信用は、人がみずから決断する力を生みだし、人と人とのあいだの接点をつくりだす。またそれだけではなく、自分の知らないことを隠して誤った事柄を伝え、他人をだまして裏切る技術にもなりうる。たとえば、わたしたちは外科医を信用する、いや信用するしかない。手術を受ける前に、彼女〔外科医〕はこれまでどんな訓練を受けたことがあり、どのような能力と経験があるのか、できるだけのことを調べるだろう。だが結局は、彼女とてまちがった診断をくだすことがあるのだと思うにいたる。手に入るはずの研究結果を見過ごしていたり、技術的な過失をおかすこと、注意を怠ったり無神経になることもあろう。

高さ一万二〇〇〇フィートの上空を、時速二一〇キロで飛ぶ航空機から跳びおりるふたりのスカイダイバーがいる。最初に跳ぶひとりは、パラシュートなしで時速一五〇キロのスピードで滑空し、自由落下のなかでゆっくりと腕を広げていく。その後につづく相方は、パラシュートを装着しており、先に跳んだ人物にパラシュートを手渡すために、彼を目がけて落下しなくてはならない。ふたりとも自分が何をすべきかを十分に心得ているし、申し分のないトレーニングも受けている。しかし、ほんのわずかな行きちがいでふたりが接触できず、一方が落下して死んでしまうという事態が起こりうるのだ。少し神経質になったり、自由落下するふたりが集中すべきときに邪魔が入ったり、ささいな猜疑心で感情が乱れたり、パラシュートを渡す側に気づきようのない悪意が潜んでいたりするようなことがある。そうであっても、常にそこには厚い友情や恋人同士の絆がある。

信用はわたしたちと他者を結びつける、とても強い感情のうねりだ。信用は直情的であり、直接的なものである。誰かを信用しようと考えて信用するわけではない。ただ信用するか、しないかだ。誰かをひと息に信用することは、心を震わせるものだ。宗教、民族、道徳集団、言語の異なる赤の他人を信用することほど心が躍ることはない。

夏のあいだ、きみはモンゴル中を巡る三〇〇〇キロほどの旅をした。草やぶひとつ見当たらない、真っ平らな草原《ステップ》をさまよった。片方に水平線を望みつつ、他方には木々や草のまったくない山岳地帯があった。夏だったので雪もなかった。土地や風景に形をあたえるというよりも、時間と忍耐を体現しているような山々である。その山脈に沿って、何千キロもの中央アジアのステップ地帯が広がっていた。風はごうごうと吹き荒れており、視界がどこまでも続いている。頭上にはかの有名な青空がかかり、ほとんどの場合は雲の影ひとつ見あたらない。朝、目が覚めたとき、目印や障害物のない光り輝く空間を、約束事や心配事も忘れて目の当たりにすると、さあ、前進しなさいと招待されたような気分になる。きみは気ままに足をとめて昼食をとる。どの場所もほかとかわり映えがしない。どこか目的の場所に行こうとしているわけでもないのに、目に入るものはみな動いている。馬、ヤク、羊、山羊の群れのほかに、ゴビ砂漠にはフタコブラクダがおり、かれらは一生のあいだ、垣根も投げ縄も焼き印も見ることがない。

この光景は、哲学者のマルティン・ハイデッガーがいうところの、必要不可欠な、本質的に実用的な空間から、どれほどかけ離れていることだろう。手を伸ばし、掴んで操作しようにも、この土地には形状をとるものが何もない。目標や対象にむかって示された道すじもなければ、実用的な導きによって定められた明確な距離というものもない。

ステップ地帯を横断し、草を食む動物の群れとともに移動するこの土地の遊牧民を、きみはどのような存在だと考えるのか。春先になると男たちが突然感じる、馬にまたがって、広い大地に大声を響き渡らせたいという衝撃をどうやって理解するのか。そして、太陽と風とスピードで燃え上がるかれらの心臓を。きみはこの単調な風景のなかで時おり出会う人びとのなかに、途方もない、根源的な忍耐強さを見る。ところがこの土地を行くにつれて、かれらが人類のなかでもっとも情熱的な人間であることを悟るようになる。何千年も前の憤怒と歓喜が、ついこのあいだの忘れられない過去のようによみがえり、かれらを抑圧しているのだ。

それらの憤怒と歓喜がきみの上に戻ってくる。きみがただ現在にあることは一度もない。朝、目がさめると、自分が昨日までと同じ景色のなかにいると感じ、移動をするときは、何百年前、何千年前と変わらない風景のなかを進んでいく。目下のところ地球上でもっとも住む人の少ないこの地域では、約五〇万年前のものとみられる人類の遺跡が見つかっている。途中で、牧夫が道連れになった。かれらは最後の氷河期が終わろうとしていた時代に、馬やヤクの群れを連れて北方へと移動した。そして、さまざまな人類の種族も北へ北へと移動し、ついにはベーリング海峡を越えて、北アメリカの大陸を南下していった。それからきみは、空間を侵略することに夢中になった騎馬民族と合流する。かれらは、ローマ帝国を侵略し荒廃させた野蛮なチュートン人を追いかけて、西方で轟音をとどろかせる。そして今度は、チンギス・ハーンの大軍に参加した遊牧民の戦士たちと合流する。かれらは朝鮮半島へ、中国を渡ってインドネシアへ、ドナウ川の河岸へと疾走し、そこにあるすべての経済と文化を接触させ、それらの発明品や技術をこの惑星史上最大の帝国の、端から端へと伝えたのである。そしてシルクロードを封鎖したことで、シルクをやたらと欲しがる香辛料に目のないヨーロッパ人の船に、喜望峰まわりでインドと香料諸島〔モロッカ諸島のこと〕を侵略させ、大西洋を渡って、アステカ、マヤ、インカの文明から略奪させたのである。また一三四七年には、この遊牧民の戦士とともに、黒死病がヨーロッパに入ってきた。この伝染病は、リス、ネズミ、マーモットといったリス科のほ乳類が運ぶノミが、ヒトに噛みつくことによって人間に伝染し、人口の三分の一が命を失った（この夏、きみがアルタイ県を訪れたときも、実際に、その場所で二四人もの人が横痃にかかっていた）。人がほとんど住んでいない中央アジアのステップ地帯は、人類史上の大事件を生じさせた渦の中心だったのである。

　ヨーロッパでは、きみはローマ街道をひたすら歩き、アメリカ大陸ではインカ人の道をたどった。偉大なるチンギス・ハーンと遊牧民の戦士は、かれらが引き起こした世界史的な出来事の痕跡を何ひとつ残さなかった。モンゴル人が神として拝んだのは、底の抜けたような青空だった。その空の下の大地には、聖域も、古代砦の遺跡も、送水路も、橋も、要塞都市の遺構も、戦勝を記念した碑も、皇帝の霊廟も残っていない。地質学者のチームが、古代の文書に記された遺跡を一平方メートルずつ細かく調べ、アメリカと日本の飛行機が、別の場所に遺跡がある可能性を探るために赤外線走査を実施したにもかかわらず、チンギス・ハーンが葬られた場所さえわからなかった。そこにあるのは、ヤクとラクダの群れが残した足跡だけなのだ。それも動物ときみが通って一日も経てば、風に消えてしまうことだろう。

四駆の車は川に沿って、ぬかるんだ小道をガタガタ下っていった。車が川にはまって動けなくなったが、やがてフタコブラクダに乗った遊牧民が通りかかり、川から引っぱりあげてくれた。日も暮れて、きみは遊牧民の移動式住居《ゲル》に招かれた（「ユルト」はチュルク語とロシア語での呼び方であり、モンゴル人は使用しない言葉だ）。ゲルは直径が約二〇フィートほどある。環状になった壁は、格子づくりの木枠でつくられており、移動時の運搬のために解体して束ねられるようになっている。天井には唐傘のように、九〇本から一〇〇本の受け骨がわたしてある。その骨組みの全体は、白い羊毛を叩いてシート状にしたフェルト地で覆われている。それはものの三〇分で建てたり、解体したりすることができる。ゲルはこの国のどこへいっても、同じサイズ、同じかたち、同じ自然のままの羊毛の色をしていて、ステップ地帯と同じくらい特徴がない。ところが、その内部はささやかな宮殿になっている。地面には絨毯が敷かれ、壁には明るい赤、コバルト色、紫、ひすい色、オリーブ色、黄色の刺繍をあしらった織物の数々が、壁にずらりと掛けてられている。そうした織物には、その家族に伝統的に伝わるデザイン、その一族の歴史をあらわすデザイン、織り手の工夫や趣向が具現化されたデザインや色彩が使われている。壁ぎわには、家族の所有物をしまっておくための、手のこんだ彫刻をほどこした整理だんすがある。仏壇には線香の煙がたゆたう。きみはその家族や一族が有する伝統や記憶のなかに立ち入っていく。

低いテーブルには、来客用の塩味のミルクティー、パン、チーズ、凝乳、練り粉でつくった菓子が、瞬く間に用意される。すぐに親戚や友人が訪ねてきて、ゲルのなかは人でいっぱいになる。誰もが打ちとけた笑顔で、かしこまったあいさつの言葉をきみに述べる。真んなかに据えられた鉄のストーブのなかで、乾燥肥料のかたまりが燃えている。鍋でご飯が炊かれ、ラム肉かヤギ肉のシチューが煮えている。きみは、自分が歩いた道程やそのときに偶然出会ったものについて何ひとつ物語ることができない。ところが、かれらはいつもアイラグ（発酵させた馬の乳）を入れたグラスで一杯やりながら、通りがかりの人から聞いた話や昔話を思いだし、その日に起きたできごとをたがいに生き生きと語りあうのだ。語り手は声に抑揚をつけて、クライマックスにいたるまで声を響きわたらせ、ときにはささやくような声でゆっくりと話して、まわりの注意を引きつける。その姿を見るだけで、そして聴衆がその場で共有される記憶に驚き、歓び、満足するさまを見ているだけでよい。それを理解するために、かれらの言語に知悉する必要はない。誰かがマンドリンに似た弦楽器を演奏しはじめる。きみが眠りに落ちる時間まで、人びとはアイラグを飲みつづけ、話に花を咲かせることだろう。

日中は、きみは遊牧民が働いているところを見学する。ひと家族は決まって二〇〇頭くらいの馬とヤク、それに羊とヤギとラクダの群れを所有する。馬もヤクのように乳をしぼるために飼育している。馬乳は発酵させてアイラグにし、ヤクの乳からは凝乳やチーズをつくる。朝になると、家畜の乳を搾り、草を食ませるために広大な草原へ連れだす。夕方になると、徘徊するオオカミから守るために、羊やヤギをゲルのある野営地に連れ帰る。乗馬に適した馬には馬蹄をつける。岩場ばかりの地形では、二、三週間おきに馬蹄をつけ直さなくてはならない。羊、ヤギ、ラクダは毛を刈る。その毛を梳き、織りあわせ、フェルトになるまでなめす。それで毛布や衣類を織る。ヤギからは、モンゴルの主要な輸出品であるカシミアウールがとれる。大人の男や少年たちは、弓術やレスリング、競走馬といった男性的な技芸の訓練を受ける。祭日などの機会にはしばしばそうした競技会が催される。

こうした野営地の実用的な配置は、前の晩にきみが見いだした社交場の性質からきている。馬の背にまたがっているときでも、家畜の群れを番しているときでも、遊牧民がひとりきりになることはない。ゲルは定期的に分解することができる、常に間にあわせの家屋である。しかし、そこにはその氏族、先祖、家族の伝統や技芸や歴史が宿っているのだ。遊牧民の野営地は人びとが行き交う舞台である。そこでは、あらゆるできごとが驚きと歓びに満ちた物語になる。遠く離れた土地や、大昔のできごとが再話され、わかち合うべき物語として記憶される。どこへ移動しても、野営地は人間だけでなく、フタコブラクダ、馬、羊、ヤギから成る共同体でもある。乳や羊毛をもらう代わりに、モンゴル人は家畜に労力をささげる。オオヤマネコやオオカミから家畜を守り、道に迷って渓谷に落ちた動物を救いだし、傷を洗って縫合し、夏には山上の牧草地へ、冬には谷間の牧草地へ連れていくのだ。

とうとう、きみは西の果てにあるアルタイ山脈の最高地点までやってきた。そこにはカザフ人たちが暮らしている。かれらもまた遊牧民であり、大きさは異なるがフェルト地のゲルで暮らしている。やはり牧夫であり、雪どけとともに、家畜の群れを追って山をのぼっていく。かれらはワシを使って自分たちの領土を空にまで広げる。イヌワシの赤子を断崖にある巣からとってきて、鷹匠のように訓練する。雌ワシのほうが有能なハンターになるので、そちらを飼う。ワシはどう猛なかぎ爪をもつ。人間の狩人は、厚い革の手袋と腕カバーを前腕につけ、そこでワシを休ませる。ワシの体重は二〇ポンドほどある。それを自分の腕につかまらせるには、もう一方の手で腕を支えなくてはならない。ワシ使いは騎士のような佇まいをしている。銀のベルトがついた黒いコートを着て、五〇匹のミンクの尾からできた毛皮の帽子をかぶっている。冬がきて動物の毛皮が厚くなると、ワシ使いの狩人は馬に乗り、山にのぼってワシを解き放つ。ワシは山の上空を飛び、キツネやオオヤマネコやオオカミさえ捕まえてもどってくる。そうやってワシは、三〇年も四〇年も生きつづける。一〇年経つと、狩人はワシを自然に帰す。そうすれば、ワシは相手を見つけて繁殖することができるからだ。

世界でもっとも寒い首都をもつカザフの高地が、地質的変動によって隆起したものだということを、きみは知ることになる。眼前に広がる広大なステップの高原は、かつてはとてつもなく大きな湖底であった。南アジアの大陸プレートがシベリア・プレートの下に沈みこんだとき、湖の水は干上がり、これらすべての山々は隆起し、多くの火山はいっせいに噴火した。ときどき、深くて広い峡谷に行く手をはばまれることがあり、そこには断層線がむきだしになっている。そしてきみは、風と融氷が山肌を削ってできた彫刻を目にする（わたしたちに因果関係は不可知であるとする、デイヴィッド・ヒュームの強引な認識論はいかに的外れであることか）。ある日、山の稜線の下に、遠目には白い霧の層が揺らめいているように見えるものがあったが、後にそれが砂丘だとわかった。砂丘は標高八〇〇メートルのところにあり、横に一二キロ、縦に一〇〇キロの大きさであると計測されてきた。山の尾根の下には、暗いひとつながりの側壁がつづき、びゅうびゅうと音を立てている。きみは砂丘に砂が吹き積もっていくさまを見る。そして、なんとか頂上まで三分の二ほどの地点まで登ったが、そこであきらめて、砂まみれになりながら砂丘のふもとまですべり降りる。きみは地質学的な時間のなかをさまよい、すべり降りていく。ゴビ砂漠では、累代も前に石化した、何千本もの熱帯雨林時代の丸太に出くわす。彼国の辺境にある小さな博物館で、きみはその土地で見つかった恐竜の骨と卵の化石を見る。化石になった巣のひとつには、鳥が卵をあたためるようなかっこうでオヴィラプトルの親がしゃがんでいた。モンゴル人は西洋科学が教えるようなやり方で、この地形のもつ特徴について年代を定めたり、説明したりはしなかった。太古の時代からかれらが説明してきた理由やできごとに沿った言いまわしで、それらの特徴を見ていた。川の前までくると、きみが乗った車は水に入らざるを得なかった。春になって冷たい雪が溶けだすころ、川は橋をひとつ残らず流してしまう。吹きやまぬ風は、山やステップの草原の姿を変える。いま現在という時間のなかに、地質学的には未来の姿をきみは見ている。

中央アジアのステップ地帯を、たいていの書物は草原と呼ぶ。しかしどこへ行っても、けばけばしい色の花をつけた背の低い草木が、雑然と生えているのをきみは目にする。草はその一割にも満たない。植物学者によれば、モンゴルのステップ地帯には六〇〇種以上の草木が生息しており、その数はまだ増えつづけているという。どうしてそれほど多くの種類があるのか。移動するたびに、きみは異なる種類の植生を見いだす。実際、そこには異なる性質の土壌や異なる水源によって形成された、数かぎりない多様な生態的地位〔生物の種が、生息する環境において果たす生態的な役割〕があるのだ。この小さな生態系のなかで、複雑なかたちをした小さな花々がつつましやかに咲く姿に、きみは目を奪われる。熱帯雨林の森のなかにいるように、豊富で多様な自然に囲まれているのだ。荷物から拡大鏡を取りだせば、最小の植物と植物のあいだに、微小な地衣類や極小植物から成るおとぎの国を見つけることができる。微視的な生態系には、半球形の目をもった半透明のダニがうじゃうじゃと存在している。それらはレンズのせいで蜂の巣状のイメージになり、恐怖とどん欲さと驚きの輝きを放っていた。〔そうやって観察ばかりしていたせいで〕ツンドラ地帯ではずっと、きみは躓いたり転んだりしていた。

きみが日ごとに移動する範囲や、きみの目が見つめる眺望は、裸眼で見ることのできるものより小さいと同時にそれを超えたところにあって、フラクタルな構造や生態系をもつひとつの層を成している。そこには、きみが獲得し、成し遂げたいと思うような目標は存在しない。それは道具で切り離したり、作り直したり、感情を刻印するものでもない。自分の所有物にしたり、自分のアイデンティティや意志や身分に役立てることのできるものは何もない。なぜならきみはモンゴルにいて、単調な青空の下で風に吹かれているからだ。自尊心と自信過剰の世界から一万二〇〇〇キロ離れて、きみはさらにこの先へと歩みつづけるよう促される。

4　いってごらんよ

たまには世界にむかって「くそったれ」といってごらんよ。そうしたっていいんだ。あれこれ考えず、心配し、過去を振り返り、思い悩み、疑い、怖れ、傷つき、もっと楽な出口があるんじゃないかと考え、もがき、何かをつかみ取ろうとし、混乱し、イライラし、掻きむしり、つぶやき、しくじり、ぼやき、自分を貶め、つまずき、呆然とし、とりとめなくしゃべり、賭けをし、転び、ためらい、ゴチャゴチャにし、絡まり、何かをもくろみ、愚痴をこぼし、うめき、唸り、不平をいい、呪い、たわごとをいい、細かいことにこだわり、あら探しをし、小便を垂れ流し、他人に口出しをし、ケツをつねり、目をむき、人に指を突きつけ、人目を避けるように裏道を歩き、いつまでも待ちつづけ、ほんの小さく足を踏みだし、にらみつけ、こびへつらい、探し求め、お高くとまり、名を汚し、どんどんどんどん自分を苦しめていく。そんなことをやめるんだ。

（……）かっこう良さなど気にせず、自分なりのダサさをつくりあげろ。きみ自身の、きみだけの世界をつくるんだ。

――ソル・ルウィットからエヴァ・ヘスへの手紙

〔ショーン・アッシャー著『注目すべき125の手紙――その時代に生きた人々の記憶』（北川玲訳、創元社）の八八頁に掲載された既訳を参照し、一部改変した〕

5　形而上学上の住処

近代文化における大転換

一九二二年に、ハンス・プリンツホルン博士は著書『Bildnerei der Geisteskranke』を出版した。英語では『精神病者はなにを創造したのか』[1]と訳されている。博士は収集した五〇〇〇点以上の絵画、ドローイング、彫刻を複写し、その著作ではそのなかの一八七点について分析している。彼はそれをハイデルベルグ市内とその近郊にある精神病院において、ほとんどの場合、統合失調症と診断された患者たちから収集した。それ以前にも、精神分析医が精神病を診断するために、患者が描いた絵画やドローイングを分析して出版することはあった。ところがプリンツホルンは、入院患者がどのようなイメージを描くかによって、患者の精神疾患を特定することはできないと結論づけた。プリンツホルンは精神分析医になる前に、美術史の博士号を取得していた。収集した作品を研究するなかで、これらのイメージが形成されるときの、六つの基本的な本能的欲求を特定した。それは表現する衝動、遊びの衝動、装飾をつける衝動、秩序立てる性向、模倣する性向、そして象徴を必要とすることである。これは職業的な芸術家が作品づくりのなかで見せる衝動と、まさに同じであると彼は書いた。プリンツホルンは著書のなかで、精神病院における一〇人の名匠は、表現力とデッサン力において目を見張るべきものがあると絶賛した。そして、かれらは世の中がすぐれた美術家だと認める人たちと同等の地位にある、と評価した。

パウル・クレーやアルフレート・クビンのような表現主義の美術家、アンドレ・ブルトンやマックス・エルンストらシュルレアリストは、プリンツホルンの著書のなかの複写された作品を見て、畏敬の念をおぼえて高く評価した。ポール・エリュアールは「ここに、世にもっとも美しい画集がある」といった。かれらはすぐに、この精神病院におけるアートの要素を自分たちの作品に取り入れた。ジャン・デュビュッフェは精神病患者や子どもがつくった作品の膨大なコレクションを築き、みずからも狂者を真似て絵を描きだした。ヴァシリー・カンディンスキー、エンリコ・バイ、カレル・アペルは児童画のように描こうとした。ピエール・アレシンスキーやキース・ヘリング、ジャン＝ミシェル・バスキアは、子どもたちと一緒に描きはじめた。ドイツのジャクソン・ポロックら「青騎士」の芸術運動のような、すぐあとに起きたプロフェッショナルな現代アートの世界は、大学教育よりも精神病院のアートに多くを負っている。

精神病患者によるアート作品の発見によって、ヨーロッパでは美術教育を受けていない、先入的な知識のない画家や彫刻家による作品を見いだそうとする動きが盛んになった。それは心霊主義者、占い師、霊媒師にまでおよぶものだった。その探索は、刑務所（プリンツホルンが取りあげた精神病院の名匠の何人かは犯罪を犯していた）[2]、子どもの落書き、未開芸術や部族による美術、それまで民族学的な博物館においてのみ展示されてきたアフリカやオセアニアの工芸品や儀式で使う道具、そして先史時代のものや先住民が岩や洞窟に描いた壁画にまでおよんだ。これら「文化的な産物」が美術として理解されるようになったのである。

周縁的な人びとにおける芸術作品が見いだされたことで、かれらの尊厳や社会的な認知を求める声が新たに高まってきた。統合失調症の患者は、その病いが不治であったとしても、専門家の治療や看護を受けなくてはならない単なる発狂した人たちではない。おそらく精神が混乱しているおかげで、かれらには能動的な力があり、それは社会において価値をもつことができる創造的な力でさえある。「未開人」または部族の人たちは、ただ単純に文明的に遅れていたり、知能が劣っていたりするのではない。かれらの精神と手工芸品の制作はとても重要であり、近代社会にとっても価値がある。子どもは単に未来の大人という存在ではない。子どもの世界には、大人が自分たちの失ったものを回復するために探索するべき、独自の構造や想像力や価値がそなわっているのである。

独自の真正性

ヨーロッパの精神病院におけるアートの発見は、それ以前に中国や日本の美術が発見されたときや、中央アメリカのマヤ文明が発見されたときとは、かなり異なる影響をもたらした。これら遠く離れた土地において美術と見なされたものは、それ以前のヨーロッパ美術と同じように、宗教的な理想に奉仕するものであり、長らく美学的な規範に基づいてつくられてきたものであった。熟達した専門家が貴重な素材をもちいて、完成形の極致でもって生産したものだった。それらの作品は、ハイカルチャーの芸術作品として、近代のヨーロッパの美術館に収蔵されうるものだった。

精神病院で発見された作品は、ハイカルチャーをめぐる根本的な論争を巻き起こした。この種類のアートの擁護者たちは、美術協会や職業的な美術家を公然と批判した。西欧美術はもはや宗教的な物語や信仰的な理想を示すものではなくなったとはいえ、西欧世界を牛耳ってきたエリート層の支配的な価値観や権威を助長しつづけてきたのだ。宮廷の庇護者を失った美術家は、富裕なブルジョワにずる賢く取り入るようになった。どれだけのおべっか使いが、ブルジョワのために肖像画や風景画を描いたことか。何という体たらく。芸術院では熱心な美術家たちが、社会と自然を描くために、美術の世界のなかでもちいられてきた形式や構成《コンポジション》を研究することに余念がなかった。だが、かつての巨匠から伝授されたその方法こそが、美術作品から生気を失わせてしまったのだ。デュビュッフェは彼が収集して擁護した作品群を、アール・ブリュット、つまり「生の芸術」と呼んだ。そこには、ギャラリーや美術館や知識人の手で手垢まみれにされ、煮詰められ、でっちあげられた作品とそれらを対比する意味がこめられていた。デュビュッフェはワイン商を営んでいたので、「ブリュット」とは甘味や砂糖を加えていない「生《ブリュット》のシャンパン」という言葉を想起させる。真のアートは、芸術院の基準に束縛されず、洗練された人びとの観念や趣味に支配されない。根源的で独自な諸力と衝動をそなえた、本当の意味での芸術家から生まれるものなのだ。

もしハイ・カルチャーが、人間生活を崇高な可能性にまで向上させるどころか、実際には見せかけや地位、利己主義や強欲を高めるために機能するのが事実ならば、人々が置かれた原始的な状態が、ハイカルチャーが弱体化させ抑圧した資源やエネルギーを食い止めることはなかったのか、という疑問が生じる。エネルギー、感情、生命、創造力は、本源への回帰によって生じる。つまり、原始人、子ども、精神病者といった変化することのない、あるいは永遠に理性を欠くと目された存在に立ち返ることによって。

ジークムント・フロイトは、神経症患者を、子どもと未開人の両方と比較した。フロイトは、神経症患者の振るまいのパターンにおいて、抑圧された幼児性の衝動が見られることを系統立てて説明しようとする研究をはじめた。そして、子どもの精神における特性、神経症患者の思考における神話的な全能性、未開人に特徴的に見られる呪術への信奉といった、これら三者を識別しようとした。ところが、プリンツホルンと彼の著書を賞賛した職業的な美術家たちは、精神病患者や子どもや「未開人」の内にある芸術を生みだす本源的な衝動の強さを見いだし、これらの衝動こそが類いまれな力をもつ作品を生みだしていると主張した。なぜなら、精神病患者や子どもや未開人は、社会的な規範、ハイ・カルチャー、大人の理性といったものの抑圧を受けないからである。

これらの作品を擁護する美術家や批評家は、美術家こそが新しいヴィジョンの担い手であり、預言者であり先覚者であるとして、アーティストの概念を高めていった。かれらが反旗を翻したのは、未熟な人や教養のない人たちに対してではなかった。かれらの批判の矛先は、与えられた趣味の基準にしたがって仕事をなし、社会から与えられた価値観を作品のなかにひそませるプロの美術家たちであった。かれらこそが本当の俗物なのだ。アーティストはアウトサイダーであり、異端者であり、因習を打破する者であり、革命家である。インド、中国、ヨーロッパの美術家が、美学上の規範から継承して広く認められてきた構成やスタイルを使い、伝統的な主題において仕事に取り組んできたのに反して、いまやオリジナリティこそがすべてになった。独自性がなければ、それはアートではない。もっと独創的な作品をつくり、ただちに一般大衆の通念に衝撃を与えることが期待された。スカトロ趣味や性倒錯のなかに普遍的な価値を見いだすような衝撃だけでは、その作品が新たなヴィジョンを示していることにはならないにせよ、衝撃的な作品こそが、真の美術家のあいだで好意的に受け入れられたのである。

ここで留意すべきなのは、アール・ブリュットが、すでに熱心なファンや収集家や歴史家をもつヨーロッパの民衆芸術《フォーク・アート》と分たれていたということだ。民衆芸術はアカデミックな芸術以上に、主題の内容、提示の方法、伝統的なスタイルがかっちりと決まっている。創作における独自の源泉をそこに見つけることはできそうになかった。

それに比べて、文化から隔離されてきた精神疾患をもつ美術家は本物だ。彼や彼女のヴィジョンは、その内面から湧出する。自分のなかの理性や社会の制約をさえぎることで、彼はみずからのもつ本能や幻の世界へとおもむく。いだく感情が強ければ強いほど、作品の力も増す。デュビュッフェは「狂気が人間を輝かし、翼を与えて、千里眼を授ける[3]」、「狂気は偉大なアートである[4]」と宣言した。孤独な幻視者たちの作品に見られるオリジナリティは、かれら自身の態度にも反映すると考えられた。才能がユニークならば、振るまいも独自で常軌を逸したものになるというのだ。また、かれらは社会からのけ者にされるしかないとも考えられた。精神病者の芸術作品を擁護する者は、非社会的な振るまいをする人を精神分析的に分類して、病名を烙印のように押す行為を軽蔑した。精神分析医や精神科病棟がしていることは、スペインの異端審問所がやったことと同じであろう。「わたしたち精神病者を愛する者は、かれらが病いが癒えることを望んでいないことを知っている。病棟のドアが閉ざされるとき、閉じこめられるのはわたしたち自身であることを良く知っている。病棟の外こそが牢獄であり、自由は病棟の内側で発見されるのだ」と、ポール・エリュアールは書き記した[5]。

精神病者、子ども、そして「未開人」によるアートを支持する人びとがフロイトから学んだものは、無意識の概念であった。芸術の創造的な源は、かつての時代のようにミューズの神々や、美術家がインスピレーションを得るなかで恍惚として高めていく荘厳で神秘的な力ではなくなった。それは人間に本来与えられている、衝動とエネルギーの無意識的な蓄えにとって代わられたのである。アートとは表出行為であり、美術家が自身の内面に見いだしたものを表現することである。いやむしろ、美術家が無意識の力や衝動を発見し、それを使うといった「何かを見つける」行為ではなく、それらのものを抑圧したり決めつけたりすることなく解放することである。フロイトやユングは無意識を非人格的なものと考えたが、ここでの無意識は個人に根ざしているものと考えられた。個々の人に刻みつけられた共通の性質――つまりは共通の言語、社会によって課された標準的な役割にふさわしい、習慣化された振るまいの型や、それらの役割に順応する情動や感情的な反応――が文化というものなのである。

子どもたちのアートに目をむけることは、プリンツホルンが確かめた根源的な衝動が人間性の一部分であり、誰にでも見いだせるものであるという確信によって動機づけられ、また強固にされてきたことである。「アーティストは並み外れた人間なのではない。あらゆる人が特別なアーティストなのだ(6)」とアナンダ・クワラスマミがいったように。

イメージを生みだすときに、人間の本能のなかで作用する六つの衝動を区別する際、プリンツホルンは、精神病者がイメージを生みだす営為をつうじて、わたしたちは芸術一般を理解できるようになると主張した。かれらの作品は並み外れた明晰さをもって、人間の芸術活動の起源における条件を明らかにする。作品のなかにアール・ブリュットの特質を取り入れたプロの美術家は、デュビュッフェのように、故意に精神病者のように描こうとした。実際には気がふれたり監禁されたりしているわけではないが、精神病者や囚人、子どもや霊媒師が置かれている、精神的および環境的条件にみずからを置こうとした。「唯一、わたしと精神病者の異なるところは、わたしが狂っていないということだ」とサルバドール・ダリはいった。(7) シュルレアリストは自動筆記の実践を霊媒師から継承し、夢や悪夢を絵に描いた。パウル・クレーの作品は子どもたちが描くものに近かったが、自分は器用でスキルがあり、子どもたちとはちがって素材に親しんだ経験があることを知っていた。彼の仕事は、その時代の文化的なモードによって規範化されている性質を見わけ、それをうまく回避するよく考え抜かれた手順でおこなわれた。

アール・ブリュットの特徴の分類

プリンツホルンが著書に掲載した作品のいったい何がそんなに印象的だったのか。プロの美術家たちはその著書を「もっとも美しいイメージを収めた本」と手放しで称賛した。かつては美術史家としての研鑽を積んだプリンツホルンは、収集したすべての作品のなかから、どうやって一〇人の名匠を選びだしたのか。それらの作品の何が、オリジナリティや表現の力強さの面で傑出していたのか。かれらは美術教育を受けていなかったが、テクニックやスタイルを確立するために、個々人で長く困難な精進を重ねた。なかには、複雑なフラクタル幾何学のような線や、ゴシック建築の構造を的確に描くような、非凡な製図工となった者もいた。

精神科病棟のなかでアート、つまりは本物で純粋なアートが発見されたことは一大ニュースであり、それを契機にプリンツホルンの本は広く読まれるようになった。だが、彼が著書のタイトルを

「芸術的手腕」ではなく、「精神病者の（イメージ形成における）芸術性」としたことに注意をむけるべきだろう。ほとんどの場合が統合失調症の患者であるが、これらの絵画の描き手は、芸術作品と、ささやかな工芸や素人の創作とのあいだに一線を引く芸術院、ギャラリー、美術館、収集家、批評家、知識人から成る美術界のシステム全体に無関心だった。かれらが監禁されていた施設の職員は、しばしば紙袋やトイレットペーパーの上にドローイングが描かれているのを目にした。そして、かれらは食べかけのパンを材料にしてこしらえた造形物に、つくった後は見向きもせず、一日の終わりにはそれを片づけ、壊してしまうのだった。プリンツホルンが名匠と見なした一〇名の描き手によるほとんどの作品は、そうやって失われた。確かに、これらの作品のつくり手はそれを芸術作品としてつくったのではない。なるほど、囚人や心霊主義者、子どもも同じである。少数民族の人びとも同じことで、かれらの制作物は民族博物館において、儀式的なオブジェ、祭儀の道具、呪術に使われる祭具に分類される。ジョン・M・マグレガーは説明する。

これらの力強いオブジェや、イメージを駆使した創作をおこなう動機が、ほぼ例外なく「芸術」と何の関係ももたないと理解することがきわめて重要である。これらの「もの」は、極度に異常な先入観や観念に支配されたイメージとの、偏執的な関わり合いによって生みだされた産物である。ここに例をあげてみよう。

・自分たちが訪れたことのある惑星や世界を図形や絵であらわした地図。
・宗教的なイコン。だが、わたしたちが知っている宗教とはほとんど何の関係もない、個人的な宗教に属するもの。
・抑圧されつつもむき出しになった性欲を具現化したもの。芸術としてではなく、性的な理由でつくられている。
・宇宙論的な見取り図。その起源に関する理論、もしくは他の別にある宇宙の姿を図解したもの。
・奇妙な生物学的および解剖学的な関心にもとづいて描かれた医学的なイラスト。
・計画として描写された（または、実際に組み立てられた）支配的な力をもつ機械、または永久運動をする機械。あるいは、架空の敵に抵抗するための魔法の武器。
・死者または神によって送られてきた霊感的なヴィジョンに喚起されて描いた、「異世界」に属する精霊のイラスト。

一般的に、これらの作品を誰かと共有しようという願望は見られない。描かれたイメージは人目のつかないところにしまわれ、隠匿される。これは、人間のリアリティのもつ、まだ知られていない、ときにはぞっとするような、なじみの薄い側面を描写し、その見取り図を描こうとする死にもの狂いの努力のなかで生み出されたアートなのだ。それゆえ、あるひとりの美術家の仕事の全容を研究することはしばしば、他なるリアリティ、つまりは隅々まで緻密に着想された異世界を創造しようとする、現在進行形の営みを明らかにするのである(8)。

一九九五年にアール・ブリュットの美術館がボルチモアに開館したとき、結果的にアメリカン・ヴィジョナリーアート〔幻視芸術〕・ミュージアムと名づけられた。

批評家たちは、美術の世界と対照をなすようなアール・ブリュットに特有の主題、素材、形式、色彩、技術、スタイルといった区別の目安となる事柄を見極めることができなかったが、すでにいくつかの特性はおなじみのものになっていた。たとえば、形象は主に二次元で描かれること、遠近法を使った奥行きのある表現が欠如していること。形象間の位置関係を表現するために、大きさに差をつけることをしない。また、余白を残さずに、画面いっぱいに絵で埋めつくす傾向がある。作品は絵で飽和状態になる。しかし恐怖と不安がいたるところに散見され、絵画に描かれた人物は怯え、完璧に打ちのめされている。しばしば、〔精神科病棟などの〕収容者はもっとイメージを描きこみ、もっと完璧なものにするべく、何年ものあいだ同じテーマに取り組む。その目的は「芸術」ではなく、ある対象を完璧に描写することでもなく、個人的な状況にかたちを与えることであり、それは普通の人の平凡でありふれた状況と隔絶されたものである。

批評家たちは、そうした絵のほとんどは、顔が正面をむき、左右対称で無表情、飾り気のない紋切り型の顔つきで、絵を見る者をじっと見つめ返すかのように、大きく見開いた両目が描かれていることを指摘した。これらの特徴は、アフリカやオセアニアの部族芸術における彫刻、彫像、仮面とも共通している。日常生活において、顔の表情というものは、わたしたちが出会う人びとの思考や気分を知るための手がかりを与えてくれる。これらの作品に描かれた顔は、その顔からは、彼や彼女が何を見ているのかはわからず、その上、わたしたち鑑賞者がおかれた環境や、彼や彼女について こちらが探りを入れることを妨げつつ、それらの目が釘づけになっている、もうひとつ別の状態の存在を気づかせるために、鑑賞者の目を直接のぞきこんでくる。ロジャー・カーディナルは、誰かとドアの前で鉢合わせするときのような日常的な経験を考えてみてほしい、という。急に立ち止まって、エチケットとして許されるかどうかというくらいの時間、見知らぬ相手を見つめる。この瞬間、わたしたちの前進は阻まれた状態にあり、相手方が何か別のものを見ていることを知る。それは、感情的な衝撃を通じてしか気づくことのないものだ。(9) じっと正面を見つめる顔たち。これらの作品にしばしば描かれるこうした顔たちは、鑑賞者の視線を惑わし、わたしたちにとっては未知の異質な習慣に目を向けさせる。

ジョルジュ・バタイユは、人間の内側にある生存の力や社会化する諸力、強力で健康的な有機体によって生産される過剰な諸力を肯定したが、人びとのニーズや要求にあった成果を生むための功利性に関係する諸力には反対した。有機体は補填なしに放出されるものである。芸術家とは、功利的には機能しない無報酬の作品や、その独自の目的のために創造的な諸力を注ぐことに身をささげるものだとされた。このことは、最近になってアートが宗教的、政治的、社会的、民族的な主張や企図から自由になったという文脈においてのみ、真だと受け止められるであろう。アール・ブリュットの擁護者は、ハイ・アートを創造するプロを偽善者だと暴いてしまった。かれらはイメージにかたちを与える根源的な衝動を、他人のために絵画を描く行為にしてしまう。そして、そうした衝動を利益や評判や名声のために奉仕させてしまう。それに対して、アール・ブリュットのつくり手である精神病者や囚人、霊媒師や降霊術師は、イメージを生みだす六つの根源的な衝動を、かれらの形而上にある住処をなんとか視覚化し、具現化するために使ったのである。

真正性を認識し、危険にさらすこと

プリンツホルンは、かれらをイメージ形成に駆り立てる根源的な衝動が、プロの美術家を駆動するものとまったく同じものであると論証することで、閉鎖病棟における絵画の創作が、狂人の妄想として片づけられることを防ごうとした。そうすることの緊急性は最初から明らかだった。精神病者による作品が公表されて、前衛的なプロの美術家の芸術作品として紹介されるやいなや、芸術院における保守的な人たちは、それらを頭の混乱した者たちの譫妄症的な作品だと嘲笑した。それからまもなく、精神病者の作品がナチスによる「退廃芸術展」でやり玉にあがったときには、公開で焼却処分にされた。プリンツホルンが発見した閉鎖病棟の名匠たちの作品は、大方がこの時期に失われて、不治の精神病者を処分しようとするナチスの計画に組みこまれてしまったと考えられる。

アール・ブリュットの擁護者が精神病院の内側で発見したものは、真正性であった。それは、ハイカルチャーの職業的芸術の偽善を論破する、いんちき、強欲、野望とは無縁の作品として消極的に認められるものではなく、他とは異なる個人の無意識のなかにある生産的な諸力から生じた、個人の妄想や幻覚を力強く表現したものとして積極的に受け止められるものであった。

これらの作品がアートだと認識されれば、既成の美術作品の真正性《オーセンティシティ》が損なわれる危険がある、という認識がすぐに広まった。アール・ブリュットの作品が展覧会やギャラリーや美術館で展示され、アマチュアがそれらを収集しようとする。そうやって経済的な価値を獲得し、作家に名誉を与え、かれらは文化の担い手として社会的な階級に参入する。これらは全て、既存の権威の真正性を脅かすだけだろう。ハイデルベルクの周辺で一〇人の名匠を発見したプリンツホルンは、かれらの名前を公表せず、代わりにみずからこしらえたペンネームを作品に添えた。デュビュッフェは何千点という数にのぼる本物の作品の収集をはじめた。そして、スイスのローザンヌにある施設にそれらを保管し、最終的には反-美術館としてオープンさせた。こうして、それらの作品は売買の対象とはされず、美術品を取引する世界の外側におかれた。また、ほかの美術館の展覧会に貸しだされることもなかった。アラン・ブルボネーは、何百点ものアール・ブリュットの彫刻をギャラリーや展覧会で買い集め、あらゆる文化的中心地から遠くはなれた、彼が購入した農舎にそれらを保管した。

プリンツホルンは、アール・ブリュットの名匠の名前や経歴を公にしなかった。だが、これらの作品が無意識から発現された個人的な諸力であり、その衝動の力によって並み外れた高い表現の質をもつなら、それらの作品を作家の経歴と切り離すことは不自然なことである。同じ諸力が作家のコンセプトや感情や行動を定め、社会的な順応主義に束縛されずに、それらを解放したはずだからだ。性的な興奮のために、あるいは性的な興奮のなかでつくられた作品を、作家の生から切り離すことはできまい。社会の精神的・身体的なエネルギーの大半は、性的衝動をコントロールすることに傾注されてきた。精神病者の美術家のなかでもっとも偉大だとされてきたアドルフ・ヴェルフリは、統合失調症を患った読み書きのできない小作人だった。彼は幼児への性的暴行をくり返したあと、精神疾患をもつ犯罪者として投獄された。

デュビュッフェは、アール・ブリュットの作品を美術市場から守ることが急務であると認識した。だが、デュビュッフェがそれを芸術作品だと公言したことは、閉鎖病棟のアートの特性にインスパイアされたプロの美術家がしたことと同じく、芸術の世界をそうした作品に引き寄せることとなった。ピカソやマティスが、アフリカやオセアニアの仮面や呪具を収集しているとき、マックス・エルンストやアーヌルフ・ライナーのようなプロの美術家は、アール・ブリュットの作品の個人コレクションに着手していた。クレーやカンディンスキーの作品が美術市場でかつてないほどの高値をつけるなら、かれらにインスピレーションを与えた作品にもそれだけの金銭的価値があるはずだ、というわけである。

閉鎖病棟の名匠たちの名前が明らかにされる日が、そこまできていた。すると、いくらもしないうちに、病棟の外で名匠たちが評価されていることをかれらに隠すべきではないし、出版社や収集家や、ギャラリーがかれらの作品を使ってかき集めた大金のなかから、相応の配当を受けとるべきだと考えられるようになった。このようなことが起こった結果、作家たちは作品に対する評価や収集家の趣向に敏感になり、かれらの注文に応えるようにしてドローイングや絵画や彫刻を制作するようになった。デュビュッフェは純粋に真正《オーセンティシティ》な作品と、教養人の趣味によって不純なものに変えられた派生的な作品とをわけて考えるようになった。

こうした不純な作品の性質を、系統立てて項目で示すこと、つまり形而上的な沃野にかたちを与えようとする無意識の衝動に、意識的な計算がどのような働きをするのか、そしてイメージを生じさせる六つの基本的な衝動に対して文化が与える影響を把握することは、まだ着手されていないが、明らかに重要な課題である。美学の教授たちは当初から美術を、工芸や装飾、単なるイラストや商業的な広告デザインとわけて考えていたが、かれらがこの課題に取り組んでこなかったことは驚きに価する。

アール・ブリュットの評価におけるイデオロギーの崩壊

フロイトの考えの典型である、神経症患者を子どもや未開人と同等のものとみなす図式は、悪評の高いものとなった。未開社会における美術は原始的なものだと見なされてきたのだが、それは遠近法の発見とその使用、フレスコ画法や陶磁器におけるつや出し、カンヴァスに描く油絵といった素材と技術における連続性、ヨーロッパのハイ・アートを発展させてきた様式の規範を成文化することといった、ヨーロッパがルネッサンスで経験したことをそれが通過していなかったからだ。それは定住生活や都市文化、国家の形成や工業化の歴史を経ていないという点で、部族民が原始的な人々であるとすることと同じだった。ところがフィールドワークにでた人類学者たちは、「未開」と呼ばれるあらゆる文化が、実際には、それぞれの環境において技術的で文化的な適応の歴史を経験していることや、環境への適応に成功した場合に限ってその文化は生き残り、居住に適さないような逆境においてもしばしばその文化は存続することができたことを知るようになった。たとえば、アマゾンで狩猟採集をしている部族は、スペインによる植民地征服によって〔住むところを〕破壊された、かつての定住者や都市の住民の生き残りであった。ピカソやブラックやブルトンといったヨーロッパの芸術家によって評価されて収集された仮面や儀式の道具は、個々人の無意識的な衝動が直接的な表現になるときの性質を閉鎖病棟のアートとわかち合うことの代わりに、特定の社会における様式、理想、宇宙観を具象化しているのだ。フィールドの人類学者は、これらが特定の文化のなかで技術的に鍛錬され、認定された専門家による作品であることを発見した。それらの仮面や道具は、デュビュッフェが普遍的に人類に与えられている能力だとみなした、一種の創造的な衝動の表出だとは考えにくい。わざわざ収集家がその文化と交渉をもったばかりに、かれらは匿名の作者になったのである。精神病者、囚人、心霊主義者、霊媒師によるアール・ブリュットが、惑星や世界の地図、宇宙論の見取り図、私的な宗教のイコン、医学的な図解、大きな力で支配する機械、魔術的な武器の図解であり、幻覚を描写したものや死者の出現であることがひとたび認識されると、これらの作品を子どもの描いたドローイングや絵画と一緒にすることはできなくなった。

アール・ブリュットの擁護者は、無意識下にあるアートの源、誰もがもっている創造的なエネルギーの泉を熱烈に支持した。それは子どもや精神病者においてさえ、いや、とりわけそうした者たちのなかに見いだされた。ところが、プリンツホルンはすでに閉鎖病棟のアートが稀なものであることを認識していた。彼は収集した五〇〇〇点の作品のなかから、一〇人の名匠を選び出した。つまり、これはすでに、厳選という過程を経たあとの結果だったのである。彼と助手のカール・ウィルマンス博士は、精神科医や精神科病棟の施設長に次のような手紙を書いた。彼は「ただ単に既存のイメージを模写したものや、健康だった頃の思い出を描いたものではなく、個人的な経験を表現することを意図するものであり、個人として目を瞠るべき達成を成し遂げている作品」にだけ興味をもっている、と書いた[10]。ほとんどの被収容者が描いたり、絵の具を塗ったりする衝動を見せないことを、彼はよく知っていたのである。

さらに、精神科病棟のリソースは尽きかけていた。アール・ブリュットに多くの関心が集まったが、閉鎖病棟ではそれ以上、幻のイメージを生みだす名匠は発見されなかった。そこで非難されるべきは、病棟が採用した治療法である。というのは、力強い作品の激しさに表現された譫妄状態の諸力は、これらの作品をつくったおかげで緩和されたり充当されたりすることは決してないが、それとは逆に作り手にとっては、自分が置かれた状況のなかで見いだした異様で底知れない要素を視覚化し物体化させ、その恐ろしさや不可解さをむしろ増幅させるからである。しかも、それは譫妄状態を長引かせ、深めてしまう。いまや抗精神病薬や向精神薬の使用が一般化して、感情や衝動の高まりを抑えられるようになった。アート・セラピーが広く導入されると、逆にアール・ブリュットは生まれない。真のアール・ブリュットは独学で身につけるもので、ほとんどの場合ほかの人に知られないように秘密裡におこなうものであり、執拗な反復をくり返すことを通じて、素材の使い方や線の描き方が上達していくものである。ところが、外部から創作活動を押しつける場合、たとえアート・セラピストが模範を示さず、患者が自分の思うままにドローイングや絵画を描くようにうながしたところで、そうやって生まれる作品は必然的に、患者の内なる衝動や技量を欠いたものにならざるをえない。このような芸術活動は、混乱した知覚や感情に患者自身が気づくための一助としておこなわれ、そうした認識は分別や強制のうちに生じることになる。このことが生みだすのは「単なるアマチュアの作品である。平凡で、紋切り型で、退屈な代物だ」と、ジョン・M・マグレガーは報告している(11)。

同じことは、子どものアートにも見られる。幼い子どもの作品で、迫力のある豊かな表現力をもつものは、実は滅多に見つからない。そして、子どもが器用さを身につけ、いくらか素材と親しむようになるや否や、世間一般に流通する大量のイメージが押し寄せ、子どもたちのドローイングを誘導し、かれらもまた平凡で、紋切り型にしばられた、冴えない作品をつくるようになってしまう。

デュビュッフェは精神科病棟の外にもアール・ブリュットを発見した。それは地方に暮らす無学な人びとや、美術界の規範やビジネスと実際に接触したことがない人びと、そして民衆芸術や伝統工芸の世界に弟子入りしたことが一度もない人びとであった。イメージを生みだすことに自分自身を捧げる個人の大部分は、ときにはトラウマの残る体験のあとで、あるいは単純に退職したあとで、晩年になってから絵を描きはじめる。しかし今日では、テレビや広告がもっとも辺境の地域や発展の遅れた辺鄙な場所にまで入りこみ、たとえ隔離された地域であっても、世間一般の商業的な型にしたがわずにドローイングができる人物を見つけだすことは段々と難しくなっている。

アウトサイダー・アートの真正性《オーセンティシティ》の失墜

「アウトサイダーズ」と銘打たれた大きな展覧会が、一九七九年にロンドンで開催された。フランス語の「アール・ブリュット」に相当する、英語のちょうどいい訳語がなかったのである。その展覧会では、監禁の経験や、社会的経済的な周縁に置かれていたことが理由で、職業的な美術の世界から隔たっていた人々と、ハイ・アートの方法や規範を学んだことのない人々の作品に限定した。はじめプリンツホルンは、作品と作家の経歴をわけて考え、作家の名前を隠すほどであった。ところが、アール・ブリュットには印象派やキュビズムのように、作品に内在する共通の特徴やスタイルが見当らず、そのつくり手がアウトサイダーであるという経歴だけが特徴となり、それによって作品はアウトサイダー・アートとなった。実際に「アウトサイダー」という言葉のもつ意味は幅広く、問題含みのカテゴリーになっていった。ロンドンでの大きな展覧会は、これらの作品を美術界の内側に、もっといえば、まさに美術界の中心へと引っぱりこんだのだ。

芸術院、美術館、ギャラリー、オークション、美術史家や美術批評家たちが、美術界の組織や商取引の外側でつくられた作品を評価することは、必然的にそれと異なる低俗な領域、つまり大衆文化に関心を抱くことを意味した。ポストカードの写真、ニューエイジ風の画像、ヴィデオ、コンピュータ技術を使ったグラフィック、ジャズやタンゴ、ポップ・ミュージックや音楽アルバムのジャケット、ポスターのデザインなど。これらの作品は、大衆芸術や商業芸術として低く見られていた。それらが図らずもアートと呼ばれていたのは、そこに投入された技芸の質の高さという点においてのみだった。こうしたものは文化的に洗練された趣味ではなく、露骨な感情や趣味に反応するものだと考えられていた。しかしながら、ひとたび精神病者たちの非合理的な衝動や感情が、アール・ブリュットにおける創作の源だと認められるようになると、庶民が大衆的で商業的なアートを高く評価するときの粗野で露骨な感情や単純な理解が、そうしたものと類似性をもちうると見なされるようになった。

アンディ・ウォーホルやロイ・リキテンスタインのような前衛的で職業的な美術家は、審美眼をもってこうした作品の制作に取りかかった。以前の前衛的な美術家がアール・ブリュットの特質を自分の作品に取り入れて、精神病者のように絵を描こうとさえしたように、いまや前衛作家は、大衆的で商業的なイメージの生産品からイメージ、色彩、メディア、テクニックなどを選択し、彫刻、フレスコ画、カンヴァス、紙に描かれた絵画といった素材を超えて、アートの領域を刷新し拡張しようとした。大衆的なアートは、より多くの人々の反応を喚起するように形づくられるようになった。商業的なアートは、ロゴや広告のスローガンが人々の頭にこびりつくように、色彩、動作、音声をつかった。プロの美術家は、大衆的で商業的なイメージをたくみに操作することで、みずからの作品の商業的な効果を中和し、そこからシンプルなおもしろみを引きだし、皮肉で嘲笑的な効果を生みだし、あるいは、政治的で社会的な反抗のイメージやメッセージという含みをもたせた。こうして前衛的な美術家は、どれほど成功し、また裕福であっても、アウトサイダー、つまりは異端者や革命児という立場をとりつづけるのである。

イギリスの美術家であるジェイク・アンド・ディノス・チャップマンは、大衆的で商業的なアートと現代の前衛的なアートのあいだに、何ら本質的な差異を見ていない。商業美術は、商品のもつ真の使用価値を明らかにすることよりも、むしろ陳腐でいかがわしい、あるいは実用性の定かではない商品に魅力や高級感を与えている。わたしたちは、実体としてのシャンプーや休暇のパック旅行を買うというよりも、そうした商業美術の創りだしたイメージを買っているのである。「現代のアートは、徹底的に資本によって精巧につくりだされたものだ」とチャップマン兄弟はいう。「というのは現代アートの作品は、それ自体にまったく価値がなくても、大枚をはたいて購入される可能性があるものだからだ。（……）だから、ジェイクのような人間は次のようなこともいう。『そうさ、これが一〇〇万ポンドでも一〇〇〇万ポンドでも何でもかまわない』と。誰かが小切手を切りさえすれば、その金額だけの価値をもつようになる。もし人びとがそのアート作品の意味についてロマンたっぷりに議論するようになれば、高尚なものはとても高価なものになる。そのためなら、人は金を惜しまないだろう」[12]。

美学者のもうひとつの明確な課題

ある日、ショッピングモールに行った際、大きなディスカウント・ストアが閉店するところだった。すべての商品が半額セールで売られていた。タオル、キッチン用の椅子、皿など、家で使えるものがあるかもしれないと考えて一時間ほど店内をぶらついた。ところが結局、何も買わずに店をでた。売っていたパステル調の花模様のタオル、ピンク色をしたプラスティック製のキッチン用の椅子、けばけばしい色か味気のない色彩で装飾された皿のどれかを家に持ち帰ることを想像すると、店にいられなくなったのだ。最近、美学者たちがいうように、アートが大衆的で商業的なイメージや見世物の製品というかたちで、わたしたちのまわりを囲んでいるのなら、どうして可もなく不可もない、紋切り型で平凡ものばかりがその大半を占めているのだろうか。そんなことを思いながらその場を去った。家に帰る道程で、同じ疑念がわいてきた。どうして人びとは可もなく不可もない、紋切り型で、冴えないデザインの家を郊外に建てるのか。どうして富裕層は、剪定された庭木ときれいに手入れした芝生のなかに建つ、チューダー様式を模した細部装飾をほどこしてある、大きすぎるがらんとした豪邸を買いたがるのだろう。

その明確な答えのひとつは、大量生産された商品のマーケティング戦略においては、一番安価な共通の基準にあわせて、それらをデザインする必要があるということだ。しかし、それはさらなる疑問を生む。どうして大衆も、そして金持ちも、可もなく不可もない紋切り型で冴えないデザインの商品を買いたいと思えるのか。

そのヒントになる、はっきりとした指針は社会学にある。大衆は、誰の目からも明白にわかり、その価値が認められる商品を集めることで、自分のアイデンティティや帰属意識を獲得する。であるから、そのときの流行や時代の趣味に一致することを最優先にするのだ。金持ちはフェラーリやヨット、デザイナーズ・ブランドの洋服、著名な美術家の原作品など、稀少でこの世にひとつしかないようなものを手に入れようとする。それが革命的で論争的な作品であっても手に入れる。新たなヴィジョンと、その帰結としての新しい生き方を提示するような急進的で論争を巻きおこす作品でさえ、かれらは手に入れる。上品な応接室に一枚のグラフィティ・アートを飾って、ほくそ笑み、その作品をわがものにするのである。

しかしながら、このような社会学的な説明は、心理学的とでもいうべき、あるいは人間本来の性質にかかわる問いを提起する。アール・ブリュットの擁護者は、無意識的な生命の源に根づいている創造的な衝動が、あらゆる人間に本来から備わっているのだと固く信じている。これらの衝動こそが、それぞれの人間を個人としてつくりあげる生得的な力である。ところが、そこには根の深い欠陥もある。ごてごてに装飾された家具、ディズニーランドのみやげもの、ノスタルジーな気分に浸るためのオールディーズのCDを棚にならべて、自宅を商品でいっぱいにした人物が、昔の人たちよりも気楽で快適な生活をしているといえるのだろうか。アンティークの家具やアート作品に囲まれた怠惰な金持ちが、非常にすぐれた作品や稀な才能をもった作家の美術品を所有するのにふさわしいというのか。悪趣味というものは、性格の薄弱さから生みだされるものではないか。

そうであるなら、いわゆる「普通」の人たちが、アートを生みだすことにかけて不能の状態にあるのは不健全である。それは根の深い機能不全をあばきだし、人々を正常な、大人の、合理的な存在にしてしまう社会制度が病的な状態にあることを明らかにする。

真正性《オーセンティシティ》への飽くなき憧憬

今日のポストモダンの思想やカルチュラル・スタディーズが、人種、ジェンダー、個人、西洋的な個人主義、そしてアール・ブリュットにおける文化的構造の解釈に拘泥するうちに、「真正性《オーセンティシティ》」という用語は、そこから消失してしまった。

他人がわたしのことをじろじろと見て、わたしの噂をし、話しかけてきて、会話をしながら、身につけている装飾品を見てわたしのアイデンティティや価値を判断することは、日常生活のなかで誰もが覚えのあることであろう。アメリカ人、大学教授、スラム街のストリートチルドレン、郊外のレジャーカーの持ち主、社交界の名士たちを、人びとはじろじろと眺めておしゃべりを楽しむ。生物学的には同じ種である人類が暮らす異郷を旅するとき、わたしたちの目に映るのは他者の本来の姿ではなく、かれらの表面的な外見、肌の色、エキゾティックに映る民族衣装といった観光客用のイメージである。そして、そのなかの誰かが眼の前に立ち、直接話しかけてくるとき、わたしはその人が自身の考えではなく、その人のジェンダーや家族の考え方、帰属する階級や文化の価値観で話すのではないかと身がまえる。経済的な興味、政治的な関心、無意識の衝動で話すのではないか、はっきりいえば、自分の身体の健康状態ばかり気にしながら話すのではないか、と。ますます明らかなことに、彼のことを知ろうという努力は、より一層あからさまで断片的で表層的な、そうしたいくつもの層を知るための努力となってしまう。今日、このような文化的構造を研究する研究者たちは、そうした専門家の努力がいかに表面的で、人を欺くものにすぎないかを暴露するような本を書いている。帝国主義者、キリスト教徒、ヴィクトリア朝主義者、ロマン主義者、東洋学者《オリエンタリスト》といった、故郷から旅立ち、遠く離れた土地に惚れこみ、その土地で結婚し、二度ともどらなかった人びとが書いた絵空事をあばき、前時代の文化人類学者たちが書いた実証主義的で、フロイト主義的で、マルクス主義的な絵空事を暴露し、いまの世代の合理主義的で、構造主義的で、ポストモダン的なつくり話をあばくために本を書くのである。

しかし、アール・ブリュットの作品と対峙するとき、わたしたちは何か別のものを見て、それを感じる。こちらを見つめるこわばった紋切り型の顔たちが、身のまわりの景色をだんだんとかき消し、他なる世界の存在を示すのを見る。いままで見たことのある何にも似つかない世界が、視覚化され具現化されるのを目撃する。そして苦悩や恐怖、抑えきれない性欲の激しさを感じる。過度に馴れ馴れしい広告のスローガンの文句や、聖書のなかの戒律のような、何か奇妙な意味をもつ言葉を読みとる。ところが、これらの作品が美術館という場に置かれ、個別性や真正性《オーセンティシティ》の文化的構造について解説することに長けた学者たちによってどれほど解釈されたとしても、アール・ブリュットの作品はわたしたちの心の平静さをかき乱す。心の奥底で、苦痛や切望、絶望から発せられた謎めいた力を感じとるのだ。その作品は、絶望的な状況を解決するために編みだされた手段ではない。それは絶望の表現であり、その視覚化であり、激化であり、具現化である。

そして真正性《オーセンティシティ》の概念が、ふたたびわたしたちに付きまとうようになる。

精神病者、強迫神経症者、霊媒師によって生みだされたイメージは、公衆のため、つまりはわたしたちのために制作された作品ではない。むしろ、これらの作品は人知れずつくられるものだ。それらはどんな作品であっても、作家にとってもつ意味と、それが公衆においてもつ意味とのあいだに、根本的な差異があることを理解するように迫ってくる。ジャン・デュビュッフェはすでに、それをアール・ブリュット、つまりアートと呼ぶことが、そうした作品をわたしたちの社会の内側に存在させ、言い換えることであり、作品がわたしたちに対して異なる機能や重要性や価値を獲得することだと認識していた。とはいえ、作家にとってその作品が本当に意味するものの内側に、わたしたち鑑賞者が立ち入ることはできないのではないか。わたしたちはいつも、作家が視覚化し具現化する異様で風変わりな住処の内部に、多少なりとも自己を投影させていないだろうか。そしてそうした作品は、作家自身が抱える絶望の大きな暗闇のなかに、わたしたちを引きこもうとしているのではないか。

ボルチモアのアメリカン・ヴィジョナリーアート・ミュージアムには、高さ八フィート、幅一七フィートの巨大カンバスが常設展示されている。七つのパネルには、ミケランジェロ風のふたりの恋人が描かれ、これらの人物像は、複雑で変化に富んだディテールと確かな技術で彩色された、何千もの人間の肖像画からなっている。白いパネルには、これはジェイムズ・フランクリン・スノッドグラスが残した唯一の作品だと書かれている。彼はこれを何十年もかけて描き、死ぬときに彼のいとこに託した。偶然にもある研究者がその作品に出会い、最終的にこの美術館に所蔵されることになった。わたしはそこに行くたびに、輝かんばかりの色やフラクタル的な構成をじっくりと観察しようと腰かける。それから、わたしの身体よりも無限に大きく、わたしの背後と前方とに限りなく広がっている絵画をもっと間近で吟味できるように、一フィート四方の空間をひとり占めにするのだ。わたしはすっかりその作品の虜となり、それはこれから何年もつづくことだろう。

その美術館では一年間、ひとつの展示室に、縦二・二五インチ、横二・七五インチからなる分厚いフレームに額装された、小さい絵だけを展示したことがあった。絵画は非常に小さいので、その場で貸しだされる拡大鏡で見なくてはならない。その作品を創作したレイ・マターソンは、コカイン使用のために逮捕されて二五年の禁固刑を言い渡された青年であった。

彼はそれを「時間をすること」と呼んだ。それは何もしないことを意味し、時間に耐えることである。彼には心を充たしてくれるような展望もなく、過ぎ去った少年時代のことばかりを思いだしていた。着用を強制された囚人服を定期的に修繕しなくてはならず、気がつけば、彼はほかの囚人たちの服も修繕するようになった。よく縫い物をしていた祖母のことを思いだした。祖母は長い冬のあいだ、家のなかでずっと刺繍をして過ごしていた。捨てられたナイロンの靴下から細い糸をほどき、色のついた糸を使って、監獄生活を描いた絵を刺繍していった。長い服役の期間、何もすることがない時間を、そのようにとても小さな絵をいくつも刺繍して過ごした。

手に拡大鏡をもち、ひとつひとつを覗きこみながら、わたしたちは監獄の壁のむこう側にいる囚人たちとともに彼と一体になる。分厚いフレームに縁取られ、念入りにひと針ずつ何百万回も縫ってつくられた光景を見つめながら、その人生から未来や塀の外の世界を奪われた彼が、絶望的なままでの時間に耐えていたことを、そしてついにはこのような作品にまで昇華された彼の苦しみを、どうして追体験せずにいられるだろうか。

このような作品に出会うとき、わたしたちは単に形式的に、美学的に作品を鑑賞するのではない。自分のなかの幼児性や犯罪性、性的興奮や幻視的な衝動に与える興奮剤として体験するのである。これらの作品は、普通の世界の外側にあるそうした衝動をかき立てる領域、つまりはそうした衝動をひそかに宿した住処を具現化しているのだ。

6　旅立ち

一九世紀には、社会と個人の両方にみられる構造的な欠陥が、「疎外《エイリアネーション》」という言葉で概念化された。機能不全におちいり社会病質者とされた人は、疎外化《エイリアネイテッド》された人間と呼ばれた。そのような人は異星人《エイリアン》の力に取り憑かれていると考えられた。ここでいう異星人は超自然的な存在を意味しない。疎外化された者たちは、悪魔祓いではなく精神医学が扱うものとなったのだ。近代社会の機能不全は疎外として分析された。資本主義社会の労働者は、自分たちの労働によって生みだされた生産物を手に入れることができず、かれらは欲望、認識、意志まで搾取されているのだ、と。それは、資本家が労働者の内側に働きかけていることである。二〇世紀の哲学者はソクラテスの哲学、形而上学、キリスト教の教義のなかにも疎外を見いだした。それは、わたしたちの肉体やこの世界が、人間にとって本当の意味での「家」ではないということである。

疎外に対する批判は、疎外化されない状態とはどのようなものか、という前向きな問いを引きだした。「家」は、マルティン・ハイデッガーの仕事の中核をなす概念となった。人間にとって存在することは、世界内に存在することを意味する、とハイデッガーはいう。草原に落ちている石のように、ただ存在するのではなく、わたしたちはこの世界に住みついているのだと説いた。わたしたちは、自分のための家をつくること、つまり建てることによって、この世界に住みつくのである。ハイデッガーにとって建てることと暮らすことは、まさに人間存在の定義そのものとなった。[1]

ハイデッガーにとって、建てることとは組み合わせることでもある。大地と空を組み合わせ、死すべきものと不死のものとを組み合わせる。石と板、屋根を葺く材料とタールを組み合わせるとき、わたしたちは大地から、家を支えて維持するための物質を集める。家は空に向かって開かれ、光と闇、暖かさと寒さ、雨と太陽をそこに集める。建物は、有限の存在であるわたしたちにとっての避難所となる。それはわたしたちの傷つきやすい部分を守ってくれる。建物は良きものや健やかなものを集める。それは、世界に散らばった聖なる授かりものをそばに集めてくる。わたしたちは建てることで世界内に存在し、環境を、つまりは世界を組み立てる。

ハイデッガーにとって、わたしたちがつくりだしたものではない存在とともに居住することも、組み立てることを意味する。飼育とは、家畜の群れを築き上げることであり、大地の繁殖力を高めることである。

自然とは自然資源の配列であり、わたしたちはそれを使って組み立てる。またハイデッガーは、太陽の位置がわたしたちの決断を決めるという。それは「帆がとらえる」風でもある。わたしたちが屋根付きのバス停や駅のプラットホームのなかで、その時と場所によって居合わせる荒れ模様の天候である(2)。

ハイデッガーにとっては、存在にとって根源的な活動のあらゆるものが、この世界に家を建てるということと関係している。わたしたちが成すことはすべて未来のためにある。子や孫のために家を建て、歴史のために建てる。健康で病が治癒する将来の兆しを手に入れるべく、不死の人のために建てるのだ。ハイデッガーの考える建築と住居の概念とは、思考と真実の概念でもある。ソクラテスによって確立された形而上学において、思考はわたしたちを肉体やこの世界から解放し、観念的な形式の領域に触れさせてくれる。この大地の上に、この空の下に、自分の家を建てるという役割を果たすためには、思考はむしろ見られなくてはならない。わたしたちを支え養う大地、光り輝いてわたしたちに活力をあたえる空、人間の傷つきやすさと死すべき運命、不滅なものの兆しは、建物や住まいをとおして露わにされる。真実は、講話のみならず、制度や建築のなかで明らかになる。

ところが、人間の身体は定住生活むきの構造をしていない。足は前に進むためにつくられている。ハイデッガーは、わたしたちが自分のために建てた家を去り、旅に出るという衝動を理解していない。人間の重大な関心や、その精神的な価値が埋めこまれてきた土地を去ろうとする衝動を、人間の意図や介入の痕跡のない、手つかずの領域を求めて出発する衝動を認識していないのだ。わたしたちは近くの森や遠くの森、山、氷河、砂浜、海へ赴く。大陸プレート同士がぶつかり合い、山脈を移動させ、西風が凍って砂漠を乾燥させるなか、わたしたちは大陸や山脈を横切り、自分たちの道を切り拓く。堆積物が石化して五〇層にもなった気が遠くなるほどの長い時間をはらんだ地層を踏みしめながら、グランド・キャニオンの底へと降りていく。砂漠や山の澄んだ夜空の下で過ごすとき、視線は何光年も先の星々のあいだをさまよう。遺跡をたずねて、藻類から恐竜までの何百万年もの時の流れをたどる。ウシカモシカやインパラのいるサバンナを横断し、打ち寄せる波を眺めながら千鳥とともに砂浜を歩く。空間は、それがただわたしたちの外にあり、異質なものであるというだけで、わたしたちを魅了し奮起させるのだ。

食料を確保し、寝床をさがし、五感で危険を察知し、自分をどうにかして守らなくてはならないため、人類は自分の生命維持に必要不可欠な環境や、その資源や可能性に関する本質的に安定した知識を発達させ、過去の記憶や未来に関する確実な予測、作用をおよぼす因果関係についても知識を発展させてきた。これは経験的で実用主義的な理性の領域に属するものである。そこにはまず、空想や軽信性はない。一方で、わたしたちは〔宗教的な〕儀式や幻覚やトランス状態のなかで、日常とは異なる種類のリアリティをもった宇宙的な領域へと旅立つこともある。

文化人類学者のクリフォード・ギアーツは、宗教、神話、儀式は、経済や政治の領域における不安によって生ずるものではないと考えた。それは、生産のための実際的な手段や、政治システムを増強する手段を単に呪術的に補完するものではないのだ。(3) ギアーツによれば、人間が宇宙的な秩序に対して宗教的に惹きつけられるのは、火山の噴火や災難、夢のなかの凶兆のヴィジョン、世界における人類の位置づけやその起源に関する謎といった、自然による破壊行為に直面したわたしたちが、なぜそんなことが起きるのかについて慢性的に説明できずにいるからである。また、無数の日常的な難題がおそいかかり、わたしたちをたえず不安にする。身体の苦痛、個人的な喪失、世俗的な敗北、人間の苦悶の救いがたさといったものが、森羅万象の秩序を想像するようにと駆り立てる。その秩序によって苦しみは説明のつくものになり、それは乗り越えるべき耐えうる何かになる。わたしたちは自分の行動を抑制するために、ある一定の規範的な指標を手に入れようとするし、そうする必要がある。ところが大抵の場合は、倫理的に正しい態度は失敗に終わり、受けいれがたい非倫理的な行為の方が報いられる。宗教的なパースペクティヴは、健全な道徳的判断にしたがって生きる努力をくじこうとする、堕落して腐敗した世界の本質を説明してくれるもっと広大な宇宙の歴史を描いてみせるのだ。(4)

わたしたちが自分の住まいをつくるこの世界は、わたしたちが固く根をはった世界であり、その世界には疑いようのない固有のリアリティがあって、その世界が要求するものからほとんど逃れることができない。(5) 宗教が想像する宇宙的な秩序は、常識的な世界とは異なる感覚、異なるあり方においてリアルなものである。それは単に常識の世界をさらに拡張したものではない。ひとは超自然的な世界へと「離脱」することになる。

宇宙的な秩序のリアリティを知覚し、そこに参入することは、儀礼によって実現される。儀礼は人間に、人知を超えた力の存在をその身に経験させる。神話のなかに描かれた諸力は、儀礼において「存在すること《プレゼンス》」として経験される、とギアーツは書く[6]。部族的な宗教においては、儀礼は信条を表明することではなく、古くから伝わるイメージがもつ説得力への信奉を生みだす[7]。

儀礼は非日常的な空気《ムード》をつくりだす。たとえば、モンラムと呼ばれる、チベットのラサ市の八角街でおこなわれる「大祈願祭」の厳粛で壮麗なさま。アフリカのサヘル地帯の遊牧民であるウォダベ族〔またはボロロ族、タブーを守る人びとの意〕がおこなうゲレウォールの祭り〔最も美しい男を選ぶ祭り〕。空気は、わたしたちの心の閉ざされた領域にある漠然とした感覚ではなく、人間の認識に作用するものである。それは、わたしたちがいかにまわりの環境のリアリティに埋没しているかを明らかにし、また環境全体がいかにわたしたちに影響し、圧迫するものであるかを露わにする。環境は暗く、重たく、圧制的であり、あるいは明るく、陽気で、愉快である。ときには険しく、未分化で、さびれている。それは粗暴な驚きとともになだれ落ちてくる。儀礼は空気という深い苦悩や悲しみ、勝利の喜び、期待と希望にはっきりとしたかたちを与え、表情を与える。

そして儀礼は、ある一定の行動を起こすときの自発性において、行動への熱望を言葉で表現する。燃えたぎるような勇気を見せつける平原インディアンの儀礼は、荒野で断食すること、敵の野営地をたったひとりで襲撃すること、闘いを思って興奮することの動機を明らかにする。道徳的で注意深い行動を劇的に表現するメラネシアのマヌス島の儀礼は、参加者の心のなかに、いとわしい誓約に敬意を払い、隠している罪を告白し、共同体のなかであいまいな告発がなされたときは罪悪感を感じる傾向を植えつける。ジャワ島の降霊術の集会では、やっかいで失望するような状況のなかでも、その人が落ち着きを取りもどし、感情が爆発する前にいやなことを経験しておくという傾向を参加者のなかに生みだす(8)。

宗教的な動機づけは儀礼のなかで確固としたものになり、わたしたちをある特定の目的や手段という様相へと導く。ある行動は、その行動をおこなうためのエネルギー源や動機に信仰をおく。わたしたちは世界を、気まぐれで悪意に満ちた敵対者に悩まされる場所だと見なす。あるいは、特定のできごとや、母なる自然のあまねく恩恵のなかに見いだす慈愛を現実のものとして受け止める。

アール・ブリュットの作品のつくり手たちのように、精神科病棟に拘束され、閉鎖病棟に幽閉され、経済が循環し教育が発展する社会の隅に追いやられた者たちは、かれらが自分自身のために視覚化し物質化する形而上学的な住処《すみか》のなかで暮らしていくために、他人や医師や介護者たちの常識的なリアリティから同じような主題を次々に引きだしてくる。この住処は、かれらの強い情念のような奥底に潜んでいるものを引きずりだす。そして、そこにある恐怖や恍惚感、愛情や肉欲を確かなものにして強いものにするのだ。

アール・ブリュットの作品に真正さや誠実さを認め、そしてそのつくり手が真の芸術家であると認めるとき、わたしたちは次のようにいうことだろう。自分が描く絵画をちっとも信じておらず、パトロンやクライアントの欲求を満たすことばかり気にしている著名なプロの美術家とはちがい、アール・ブリュットのつくり手は自分自身の作品にこそ信をおくのだ、と。その燃えるような情念を信じ、かれらが自分のために視覚化して物質化する形而上学的な住処をこそ信じているのだ、と。(9)かれらの信念は、宣言文に著されるようなものではない。また、プロの美術家たちがよくやるように、絵画を制作したあとで、それが何を表現するのかを言葉で解説することもない。かれらの信念は、ちょうど宗教的な信念が、執りおこなわれる儀礼をつうじて具体的なかたちを与えられるように、絵画を制作するこのプロセスのなかに、その身体所作のなかに内在し、実現されている。同一視されて言葉で表されたムードや、宗教的な儀礼をつうじてかたちを与えられた動機づけは、実用的で常識からなる世界に反響する。とはいえ、これらの人びとは絵画の制作を通じて、これまで以上に明確に、あちらの世界から何かを引きだしてくる。アール・ブリュットのつくり手が常識的な世界にもどってこなくても、かれらの形而上学的な住処にいたる道をわたしたちが見いだせることを知っている。

7

華美な衣装と魔除け

髪型や化粧品、傷あとや入れ墨は、身体の表面をアート作品にしてくれる。香水や強弱をつけた声のイントネーション、身体の旋律的な流れやダンスは、わたしたちの身体を時空を超えた芸術的効果にまで拡張する。一匹の魚が、一羽のキジが、一頭の馬がどれだけ美しいか、そう声高にいうことをわたしたちは躊躇しない。だが「なんと自分は美しいのだろう」という言葉は、たったひとりでいるときにこっそりと呟くものだ。わたしたちは自分の身体の外見を気にするが、それを人目にさらすことは悪趣味になってしまう。人間の身体の美しさは、草木や蝶や鳥の美しさのように、夜明けや夕暮れの美しさのように、素直で調和のとれた自意識のないものであるべきだろう。

ものはわたしたちの身体をつくりあげ、そのかたちを身体に刻みつける。衣装、ヘッドドレス、装飾品が身体を優美で魅力あるものにし、華美で権威的にする。わたしたちはもので自分の身体をかたどる。粘土、大理石、絵の具、感光乳剤をつかって、彫刻や肖像画や写真をつくりだす。わたしたちが形づくったこれらのものが、今度はわたしたちを形づくる。なかには、身体のイメージを、つやつやとした、あるいは粒子の荒い、継ぎはぎだらけのものとして固定化するものもあり、それは表面と色彩ばかりで奥行きを欠いている。そうしたイメージは色彩とかたちからなる虚飾の世界のパターンとなって、わたしたちが動作することを強いる。こうしたもののいくつかは、解剖学上の理想や品格、あるいは権威、神の放つ輝きを具体化したものかもしれない。これらのものの姿がわたしたちに取り憑き、一挙一動を指示するのだ。

　わたしたちの身体といくらか類似する（あるいは類似していない）ファウンド・オブジェクト〔造形芸術に使用される素材〕と偶然に、運良く、（あるいは周到に準備された状況のなかで強いられるように）出くわすとき、それらの物――風変わりな骨組み、化石、結晶体、木の幹の節、彫刻など――の内側にある空間や、その空間のなかにある力強く癒す力をもった活気を感じるものだ。これらの物を身につけると、これらの物はわたしたちの身体のなかにある空間と接触する。

　ラスコーやコスケールやシェーヴェの洞窟壁画には、躍動するライオン、犀、野牛、馬、熊の姿が卓越した技術で描かれている。そこには人間を描いたものは少ないが、棒人間として死んだようすが描かれているか、生きている場合は頭部が鳥かレイヨウになっている。こうした描写は、わたしたちの身体の外観を描いたものではなく、鳥やレイヨウの内部の空間にある力との接触を表現したものである。旧石器時代の後期につくられたとされるヴィデンドルフのヴィーナス像のような、人間身体の彫像として知られる最初期のものは、外部から身体がどのように見えるかではなく、かれらが内部からどのように感じていたかを描写することに関心を払っている。仏陀の像が最初につくられたのは、現在のアフガニスタンにあるガンダーラ王国で、それには長いあいだ特定の個人の外見を描写してきた古代ギリシャ彫刻が影響を与えていた。とはいえ、仏陀の像が、ゴータマ・シッダールタという男の外見をかたどることを意図してつくられたことは一度もなかった。それらの像があらわすのは、平静や慈悲のうちにある精神生活であり、それを見る者の心のなかに呼びおこす平静や慈悲なのである。アフリカやポリネシアでは、仮面は身体の外観に変化をもたらすだけでなく、身体のなかの空間の密度や動揺をいよいよ強めるものとして経験されるものであった。バリやチベットでは、仮面を身につけることによってトランス状態が引き起こされる。

8　内部空間

一九八一年、彫刻家アントニー・ゴームリーは、ロンドンのホワイトチャペル・ギャラリーで「ベッド」という作品を展示した。八六四〇枚の「マザーズ・プライド」〔イギリスのパンのブランド〕の白パンで作られたふたつのベッドが並んでおり、ゴームリーの身体が横たわっているような跡がどちらの上にもあった[1]。このような痕跡を作り出すために、ゴームリーはパンをいくらか取り除いた、つまりパンを食べたのであった。パンを食べることで、ベッドからは身体のあるところが空っぽになった。すなわちパンを食べることによって、ベッドの上に身体の内部空間を可視化させたのであった。

それから二五年の間、ゴームリーは自身の身体をかたどった石膏模型を作り続けた。それは、直立不動の姿勢であったり、羊水の中の胎児のようにうずくまった姿勢や、地面に横たわった姿勢であった。こうした彼の身体の鋳造物は、エジプトのファラオの時代から彫像がそうであったように、威厳や権威を誇示するのでも、その身振りが雄弁に何かを語るでもなく、また公共建築や公園の中に置かれている彫像のように英雄的な行為を示しているわけでもなかった。石膏が固まる間、不動の姿勢を維持しながら、ゴームリーはエネルギー、緊張、強度の場所である、みずからの身体の内部空間を経験した。「行動が人生と混同されることがある。人間の生の多くは隠されているものだ。不動の彫刻は見えないものを伝えられるかもしれない」[2]。

石膏模型が切開され、そこから外に出ると、ゴームリーは自分の身体があった場所にできた空洞を、厚い鉛板ではんだづけして覆っていった。顔の特徴はのっぺりとした個性のないものとされた。手足もまた、鉛板で滑らかに仕上げられ、手は機敏さとものを掴むという特性を失い、足は固定化された。はんだづけされた鉛の線は、大気圏外の空間を漂う惑星の経度と緯度の線のように身体という容器の上で交差していた。このような身体の容器に密閉され、それらの人体像はただそれだけで自己完結しているように見える。しかし、非活性で受動的なその姿勢は、それらが無防備であることを示している。厚い身体容器の裏側に、わたしたちは人体像の裸性を感じ取る。青味がかった灰色の鉛は光を反射しつつも吸収し、それらの像に繊細で審美的な性格を与えている。さらに、鉛がよりいっそう人体の脆弱性を際立たせている。歯科医でレントゲンを受けたことがあるものはだれでも知っているように、鉛は放射線から身を守るために使用される金属である。ところが、鉛そのものが有害なのだ。身体がかつて占めていた空洞になった空間を取り囲む、こうした身体の容器は核開発競争と差し迫った人類の生命の絶滅可能性に対するゴームリー本人と公衆の不安を呼び覚ます。

生命を欠いた、みずから動くことのない物質を扱う作業を通じて、ゴームリーはわれわれの身体空間の特殊性を発見する。わたしたちが目覚めて目を見開くと、空間はわたしたちの身体の周囲にまで広がっていく。光りが差し込む地上全体にわたって、わたしたち人間は平原や草原や水平線の広がりを目にし、手が届くところにある幾多のものから、さらに遠くの方へと開かれた数多のものを認識する。わたしたちを取り巻くものたちは、近い－遠い、上－下、前－後、右－左という座標軸によって位置付けられる。こうした軸線はわたしたちの身体から拡張される。わたしたちを取り巻くものたちは、異なる位置から近寄ることができ、眺めることができる。ものに対して向きを変えれば、それらのものの側面は相互に先取りすることで、それらのものを囲い込み、像を結ぶ。わたしたちは、ものの位置を自分たちの手と足で推し量る。すぐ手の届くところにあるか、少し動けば届く位置にあるか、かなり動いてやっと届く位置にあるかなど。

わたしたちは、みずからの身体がその周囲にあるものと同じ空間に存在していると知覚しはするが、もののかたちを知覚する場合がそうであるように、拡張された状態や接近した状態のかたちとして知覚するわけではない。わたしたちが目にすることができるのは、わたしたちの身体の部分でしかなく、その全体ではないのだ。鏡に映った像によって外見やかたち以上のものを見ることはできる。しかし、鏡の像までには一定の距離がある。わたしたちは依然としてみずからの身体が、影のようなとらえどころのないものとして、わたしたちが存在している空間、鏡の前の空間を占拠していると感じるのだ。

わたしたちは皮膚の内側にある骨や筋肉、内臓器官を意識することができないにしても、みずからの身体の内的感覚というものを持っている。立ち上がり、ある姿勢をとるとき、歩いたり、登ったりするとき、なにかを操作するとき、わたしたちにはある姿勢をとるためにみずからの体軸が働いているという運動感覚がある。運動感覚は、わたしたちの体重のバランスをはかり、力と運動量を方向づけ、対象に向かわせるのだ。この身体図式の感覚を通して、不安定な梯子の上でどのくらい足を拡げればよいかとか、雪の中で立ち往生している車にどの程度体重をかけて押せば良いのかという感覚を得るのだ。

この姿勢の身体図式について、わたしたちは自分の身体の大きさについて準視覚的に認識することができる。歩くときは、森の小道にある自分の身体を準視覚的に見ている。席に着けば、テーブルの下に投げ出した脚を、ある意味では仮想的に見ることができる。洞窟で窮屈な曲がり角を目にしたときは、そこを自分の身体が通り抜けられるか、準視覚的に判断したりする。心理学者たちはこれをわたしたちの「身体イメージ」と呼んできた。それは、鏡のなかに映し出すことのできるわたしたちの身体のイメージでもなく、精神作用によってわたしたちが投影するイメージでもない。姿勢の軸線が、わたしたちの身体のなかで形成していくのにしたがい、みずからの仮想的な可視性を生じさせるのである。身体図式が熱望によって収縮したり拡張したり、怒りで硬化したり、満足して弛緩し、疲労感のなかでしなやかになるとき、わたしたちの身体イメージは、膨張し、収縮し、もっと濃密に、さらに柔軟になるのだ。

わたしたちが、目的のために自分たちを方向づけすることや、道具を用いることをやめれば、周囲に存在する多くのものに目を向けることができるはずだ。わたしたちは内側へ、みずからの身体の内的空間にもまた注意を向けることができる。わたしたちは角度や位置をどんなに変えてみたところでその内実を見ることはできないが、みずからの生命の強烈な力がその中で脈打つのを感じている。これらの強烈な力動と、この内的な空間へのつながりを感じ取ることにおいて、わたしたちはひとりの人間であるという根源的な感覚を抱くのである。

アントニー・ゴームリーは、子どもの頃、目覚めたままベッドに横たわり、長いあいだ自分の身体の内的空間を味わったことを、あるいは、自転車に乗ったとき、あたかも自分が上昇し、身体が高いところまで拡張していくように感じたことを回想する。三年間を過ごしたインドで、ゴームリーはヴィパッサナー瞑想を学び、この内的空間に注意深く専心した。周囲の環境によって与えられた関心や任務を手放すことで、目的遂行の支柱である明確な自我の感覚や、秩序化し、組織化を図ろうとする力は弱められ、自分が生きているという感覚、自分の生命そのものが、もっと強烈で、生気あふれるものになることを悟ったのだ。

ロンドンのスタジオで、ゴームリーは石膏が固まるあいだ、自分の身体を静止した状態に保つことにひたすら心血を注いだ。彼の身体の何百という石膏像をつくるために、この経験が何百時間もくりかえされた。無論、人間の身体の皮膚の上を石膏で固め、外部の環境から閉ざされてしまうという体験は確実に当の本人を不安にさせるものだ(3)。しかしながら、ゴームリーはこれを自発的に行い、石膏の型が完全に固まれば彼をそこから切り出すために妻がそばに控えていることを知っていたので、自分の身体の内的空間を強烈な力が満ち溢れる場として体験したのだ。彼曰く、この内的空間は種子、あるいは爆弾のような感じだという(4)。「それはわれわれの意識のうちに植え付けられており、どうかすると新しい感覚、生命の躍動感の原因となる」のだ(5)。石膏の型が切り開かれて、外に踏み出すたびに、ゴームリーはもう一度自分が新たに生まれるような経験をしたのであった。

一九九九年に始まったクォンタム・クラウドと名付けた一連の作品で、ゴームリーは自分の身体の元あった空間を無秩序なスチール管で取り囲んだのだが、それはエネルギーの軌跡のようであった。からっぽの中心の空間においてわたしたちが目にするものは、こうしたエネルギーの振動を凝縮し、出現したり消滅したりする身体であり、あるいは身体から放射されるエネルギーの振動である。「身体を静止させて、じっと身動きしないでいるあいだこそ、活動的で、精力的、運動的なのだ」(6)。二〇〇〇年にゴームリーが製作した、高さ三〇メートルのクォンタム・クラウドはテムズ川に設置された。

ゴームリーにとって人体像を作るために自身の身体を成型することは必然であった。われわれの身体の内的空間はわれわれの精神が概念的に把握するようなものではないし、そのかたちや特性は、概念的、文化的、知覚的な文脈から決定することができるようなものでもない。身体との直接的で物理的な関係を通じてはじめて到達可能なのだ。身体容器の匿名性は、それらが取り囲む内部空間が存在し、その内部空間がそれ自体によって知られ、感じられる特異なものであることを暗示している。わたしたちが特定の石膏像の顔や顔色に見いだす固有の外観や、身体の外見として目に入る、態度、振る舞い、行為とは著しく異なる個性というものがここにはある。ゴームリーの関心は、ただ視覚的に接近可能なかたちで身体を表現することだけではなく、それを体験すること、わたしたちの内部で同じように体験するよう誘導することでもあるのだ(7)。

他人の身体がなす特定の身振りやふるまいを目で追うことをやめ、その身体だけを熟視してみると、生命に満たされたその内部空間をいくらか感じることができる。影像のような生命のないものであっても熟視することによって、内部空間のなかに生命を感じられるものだ。影像の物質的不動性、人体像の姿勢の不動性がわたしたちを捉える。ゴームリーの影像をじっと見つめれば、これらの身体容器に封印され、これらの姿勢に宿っていると思われるものを感じざるを得ない。「わたしは、人々に作品の内側にいるのだと感じてほしいんだ」と、ゴームリーは話す(8)。

わたしたちの身体の内部空間は、環境という外部空間に対しても開かれている。「スリー・ウェイズ」(一九八一)で展示されたのは、捻じ曲げられてボール状になった身体、かがみこんだ身体、「身体から世界への主要な入り口である」口、肛門、そしてペニスの部分に穴が空いた横たわる身体であった。「大地、海と大気Ⅱ」(一九八二)では、人体像は目、鼻、耳を開いたまま、直立し、ひざまづき、うずくまっている。

サイト

彫像の制作は、長いあいだ、台座、柱脚、壁龕の制作、そして、彫像の効果を支え、強めるための祭壇の建設を伴い、またその威光をあまねく広めるための礼拝堂や寺院の建設がつきものであった。現代では、美術館の何もない壁面とギャラリーのホワイトキューブが彫像の効果がもっとも発揮される場所とされている。

匿名で、じっとしたまま動作や身振りも示さない、ゴームリーの人体像が、ギャラリーや美術館に設置されることは、大都市の高層マンションのホワイトキューブにわたしたちの身体があるときのように、居心地の悪いものになるであろう。ぴったりとつけた両足に対して胴体を直角にして座位の姿勢をとる人体像が、背中を床につけた格好で設置されている。また別の人体像は、床に座ったままの姿勢で、身体の脇を床に着けているといった具合だ。[9] そうかと思えば壁に水平に立っていたり、[10] ハエのように壁にしがみついているものもある。[11] サウス・カロライナ州のチャールストンにある政治犯収容所では、五つの人体像が持ち上げられて展示され、その頭部は天井を突き抜けていた。[12] スウェーデンのマルメでは、このときはゴームリー自身の身体ではなく、あらゆる年代の三〇〇人の人々から型取りした身体の内部空間が、コンクリートブロックのなかに閉ざされて、軍人墓地さながらに列をなして並べられた。[13]

トスカーナのサン・カシャーノでは、高さ一〇〇メートル、直径一〇メートルにも及ぶ給水塔に、ゴームリーは、地面から数十メートルのところに、タワーの内壁と水平に鉄でできたみずからの立像を設置した。とはいえここでの人体像は、給水塔の円形の壁にぐるりと閉ざされているわけではない。そこに一歩入ると、頭をのけぞることになり、わたしたちは体を水平に保ちながら、上向きの視線のまま上昇していき、わたしたち自身が旋回することになる。階段は内壁をらせん状に上昇しており、いくつかの小さな窓を通り過ぎて、屋上に通じている。そこは給水塔の見晴台になっており、空中からタペストリーに描いたようなトスカーナの風景を眺望することができる。

ゴームリーの後期の作品の多くは、ギャラリーや美術館の展示ホールではなく、自然環境、あるいは都市環境のなかに設置された。戸外にあるこれらの人体像は、設置された空間に対して、適応することも、支配されることも、格闘することもない。

わたしたちは長きにわたって、景観や山岳風景、海岸の絶壁に人間の痕跡を残す記念像や、都市や土地が征服者や王、彼らの神のものであることをしるす記念像に親しんできた。一方、辺境の地に人間の痕跡をしるす代わりに、その場所が特定の人のための場所ではなく、近寄りがたい特別な場所であることをしめすような彫像も多く存在する。神聖な場所や供儀の行われる場所、埋葬場所にある彫像がそれだ。警戒すべき場所や山岳地帯、砂漠、海洋の入り口をしめす彫像もまた存在する。ヒマラヤ山頂には、ひもで一列に並んではためく旗があり、それは天空と風をあらわしている。「アナザー・プレイス」という作品は、不動の姿勢をしたゴームリーの身体の一七の鋳型をもとにした鉄の彫像で構成されており、ひとつひとつがわずかながら異なっている。そして、その外見や身体的な特徴は消されている。最初、一九九七年にドイツのクックスハーフェン郊外の干潟の二・五キロメートル四方の場所に設置されたのだが、そこは前世紀の中頃アメリカへ移民を送り出した主要な港のひとつであった[14]。人体像は水平線の方角を見据えている。日々、潮の満ち引きが、かれらを水のなかに沈め、またかれらを水から浮かび上がらせる。像の周りには海藻が繁り、イガイが付着する。そこを訪れるものは、ある像からまた別の像へと歩を進め、像と共に水平線の彼方によりよき場所を望むこととなる。わたしたちは彫像とともに浜辺に立ち尽くし、人生というぬかるみからの浮き沈みを経験するのである。

「インサイド・オーストラリア」は、ゴームリーが二〇〇三年に、西オーストラリア・メンジーズ近郊にある塩湖、バラード湖のなかに設置した五一の彫像からなる作品である。人体像は、遥か昔に湖の水が干上がってできた、塩の干潟から立ち上る陽炎を見渡している。そして、そこを訪れるものを地質学的な時間のなかへ導きいれるのである。

この作品の人体像を製作するために、ゴームリーは周辺地域に居住するアボリジニ先住民と移民からなる五一人のボランティアの協力を得た。その際かれらの裸体の鋳型は、石膏で身体を塗り固めるのではなく、電子スキャナーを使ってつくられた。その後、コンピューターを使って、頭、胴体、手足の厚みを三分の一に縮小し、鉄の合金で鋳造した。ゴームリーはこれらの人体像を「インサイダー」と呼ぶ。ゴームリーの説明によれば、「インサイダーは質量を三分の一に縮減した身体であり、過剰な重力の支配下にある暗黒物質のように作用し、周囲の空間に対するアンチテーゼとなる」。「インサイダーは（……）骨格というより、むしろ核である。それは、身のこなしにこめられた態度や感情、身振りに秘められた態度や感情といった、身体の内側にあるものを明るみにだす方法のひとつなのだ。それらは異質であると同時に親密なものでもある」[15]。オーストラリアの古代からそこにある塩湖を前に、砂漠のなかに設置された彫像は、周囲に広がる砂漠の広大無辺さのなかでみずからを維持するために、身体空間を圧縮する方法を示しているのだ。

イタリアのポッジボンシでゴームリーは、町の住民六人と訪問者一人の身体の石膏鋳型を制作した（「メイキング・プレイス、テイキング・プレイス」二〇〇四）。これらの身体はじっと立ったまま、手を両脇にそろえ、さしたる姿勢やポーズはとっていない。そして、ゴームリーのアシスタントがランダムに四つの異なるサイズのブロック――それぞれ隣のブロックの八倍の容積である――を、石膏鋳型の境界に収まるように配置し、その後これらのブロックを鉄で鋳造した。人体像はそれを閉じこめる表面をもたずに、身体の内部空間をしめす。こうした身体の内部空間に、わたしたちが目にするのは、機能的な組織体ではなく、ランダムに秩序化された密閉ユニットやピクセルである。それらを眺めていると、活気に満ちた潜勢力という印象を生み出しながら、ひとつの閉じられたユニットから別のユニットへと連なる集合が目の中に飛び込んでくるのである。

内部空間のなかにあるブロックは、周囲にある舗装ブロックや建築物のレンガと共鳴する。実際、これらの彫像は町のなかに垂直に設置された立体地図といった趣きなのだ。材料として用いられている表面がざらついた鉄は、地球の溶融核から現われ出たかのようだ[16]。その風変わりなかたちが思わせるのは、今後、外部空間にある事物や建築物を設計し建築することとなる、デジタルコンピューターのプロセスそのものだ。人体像は、住人たちの暮らす都市や風景の姿をあきらかにするために、そこに備えられた測定機器なのである。それは、都市の地理学のより深い層にわたしたちを招き入れる道標であり、古代の巡礼と交易ルートの交差点であり、何度も繰り返された、都市の勃興と、衰退、復興をしるしづけるものである。彫像たちは、その住人の感情がこの深層構造と接する場所を指ししめすのだ。

彫像は、町のレンガやブロック、足元にある大地、そして、今後のデジタル時代のテクノロジーがわたしたちの身体の内部空間と密接に関係しているということをわたしたちに周知させる。彫像は、この関係性がいかなるもので、どのように変化していくのかという問いを、わたしたちに抱かせるのである。

内部のコミュニケーション

コミュニケーションをとおして、わたしたちは外見に注意を払うようになる。自分の身体の場合、ひとが見ることができるのは、せいぜいその正面の一部にすぎないが、他人の身体であれば、あらゆる側面から観察することができ、他人もまたわたしの身体をそのように見ているということを知っている。ゴームリーが発見したのは、わたしたちの身体の内部空間も同じようにコミュニケーションをする、ということであった。「自分はこころのどこかで、上座部仏教の教えを信じたがっている。ひとは愛を、いかなる物からも影響を受けない、波動として伝えることができる、という教えだ。愛は放射状に広がる。それがはっきりとしたかたちをとるのは、もうひとつの世界、つまり日常や外観の世界ではなく、身体のなかの闇の空間である」[17]。例えば「プレゼント・タイム」（一九八七―八八）や「ベアリングII」（一九九五）のような作品は、ふたつの鉛の身体容器が互いに組み合わされて、身体の内部空間どうしが混ざり合うようになっている。

「フィールド」（一九九一）からは、身体の内部空間のコミュニケーションを提示するコラボレーション的な作品シリーズが始まった[18]。「フィールド」は、三万五〇〇〇個の手のひらサイズのテラコッタ製人体像からなり、ゴームリーの指揮のもとテスカ家（メキシコのチョルーラにある煉瓦メーカー）が制作したものだ。かれらがすぐに気がついたことは、人体像をつくるときに、制作者はそれぞれの像を各自のやり方でつくってしまうということであった。人体像を素早くつくる必要があったため、そのことが制作者の痕跡を人体像に残すことに貢献したのだ。「驚くべきことは、みんながめいめい自分の作り方をみつけ出し、粘土に感情を持たせ、それぞれが独特の特徴を獲得したことだ」と、ゴームリーは述懐している[19]。中国のさまざまな場所で展示された「アジアン・フィールド」（二〇〇三）は、広州市の花都区のあらゆる年代の三五〇人の人物によって制作された一九万体の小さな彫像からなる作品である。「この作品は一二五トンの粘土が使われている。火によって活力が吹き込まれ、人の手によって感覚を与えられ、目を与えられて意識のあるものになった」とゴームリーは言う[20]。

手や足、口のない人体像は、口がきけず、無防備だ。かれらはみずからの身体の内部空間に閉じ込められている。彼らは、確かに小さい。だが、かれらの身体の空間とその莫大な数で展示空間を満たしている。観客に向けられたその目が、わたしたちに何かを訴え、問いかける。かれらを見、その目を覗き込むと、わたしたちの目は、かれらの訴えと問いかけに応じる。空間における生命の意味や、その脆弱性や謎をめぐる問いに。ゴームリーは言う。この芸術がもたらすものとは、「強力な共同体意識が築かれた、労働と苦役に基づく社会基盤から、喜び、そして潜在性と可能性の共有経験に基づく社会基盤への変化に、人々を橋渡ししようとする移行対象なのだ」と。[21]

II　目の落とし穴

9　倒れた巨人

標識には、いつそのセコイアが倒れたのか記されていない。ではなぜ倒れたのか？　おそらく寿命によるものであろう。標識によれば、確認された世界最古のセコイアの巨木は、三二六七歳であるということだ。ジャイアント・セコイア（セコイアデンドロン・ギガンテウム）は地球上で最大の生命体であるとも記されている。「シャーマン将軍」の木と名付けられたそのセコイアは、高さ二七四フィート、根元の樹幹一〇二・六フィートで、六一〇〇トンの重量があるらしい。一方、〔扉の写真に掲げた〕この樹木は高さ二二〇フィートであったと記されている。樹幹は最大で七二・六フィートであるとも。きみは、その木の傍で両腕を上げて立ち、それからその木の全長を測るために足で往復してみる。そうすれば、その木の長さと胴まわりの全体像を掴むことができる。きみ自身の生命が帰属している内部空間のすぐ近くで、きみは、倒れた樹木の巨大さを実感することになるのだ。

シロナガスクジラは体長一一〇フィート、体重二二〇トンにまで成長する。きみは、これまでに発見された最大の恐竜の骨格標本をパタゴニアで見たことがあった。それは、アルゼンチノサウルスの標本で体長一三〇フィート、約一〇〇トンの重量であった。〔その恐竜と比べてみても、〕このセコイアは二二〇フィート、四五〇〇トンあったのだ。

故郷で馴染みのあるこの森林樹は、その葉を広げて日光を集めることができるように高くなるものときみは思っていた。広々とした原野で何千という葉が生い茂り、花が咲き乱れている枝のうちにその生命を認め、幹がその広がった枝を支えているのを目にしたものだった。きみは、そばにあるセコイアの生命を上方へと勢いよく聳えるその巨大な幹のうちにみる。きみはそこに、幹が一〇〇〇年かけて高くなる間に、落ちてしまった多くの枝、幹を保護する小さな鱗片葉を目にする。きみは、生命のこの上昇しようという衝動に驚かされる。そして、きみはみずからの身体のうちに、地面から起き上がって直立し、空を見上げようという衝動を感じ取るのだ。

セコイアの巨大な内部空間、何百トンという重量のある物質を支配している生命は、どういうわけかひとつである。枝に見いだすことができるシステム、ひとつの側枝が同じ高さにあるほかの側枝と共同で上昇の衝動に従うというシステムを統御しているのは、ひとつの生命なのだ。枝がどのように伸びていくかは、ほかの木の枝の伸び具合であるとか、日の当たり具合、影の出来具合、霧の発生といった様々な状況に応じて変化する。枝は単独で唐突に伸び始めるわけではなく、それぞれの枝はその場所に応じた条件や偶然に適応しなければならない。巨大な幹自体も、上昇に応じて徐々にその円柱状の幅を狭めながら、各段階で偶然の衝撃や圧力に順応せねばならなかったのだ。樹皮の反り具合がこうした調整の跡を示している。

この木が死んだということは、そのすべてが、すなわち、その巨大な幹や枝、何百万という支根が死んだということなのだ。独力で障害物を避け、日光を手に入れるために伸長したすべての枝も、またそれ自体で生き続けることができなくなったということだ。

セコイアの巨大な内部空間にある生命感覚、浜辺に打ち上げられたシロナガスクジラにある生命感覚は、その表面のかたちや色に対するわれわれの知覚に影響を与える。みずからの身体の内部空間を支配しているわたしたちの生命感覚は、こういった巨大な生物の内部空間と通じている。グッピーやハタハタといった小さく凝縮された強烈な生命に対して抱くわたしたちの驚異は、その外部のデザインや色に関心を向けさせる。アラグアヤモリ（Sphaerodactylus ariasae）はわずか一六ミリにもみたない。ミジンコウキクサやウォルフィア・アングスタは、たった〇・六ミリであるが、見事な花を咲かせるきわめて多産な植物である。ひとつの植物が四カ月で一ノニリオン（一〇の三〇乗）の植物を生み、その花をつけた植物の大きさは、地球の大きさにも匹敵するものなのだ。

「実体」という用語は、古代の哲学においては、われわれの外部にあって現実に存在しているもの——自立しているもの、それ自体で存在するもの——を指し示す、ごく一般的な言葉であった。今日の哲学者たちが断言するところによれば、実体、自然、ものの本質を知ることは不可能であるという。彼らによれば、わたしたちが知覚できるのは、せいぜい感覚的なパターンにしかすぎない。物自体を知ることはできず、知ることができるのはその外観でしかないというわけだ。外観はそれ自体では存在しない、外観は人間の感覚表面と感覚器官との関係において存在している。経験主義の心理学者は、こうした外観は人間の感覚器官への刺激の影響によって生じる個々の感覚データへ分解することが可能であると考えた。しかし、現象学的な心理学者は知覚というものはすべて、ある背景に対して浮かび上がるあるパターンを知覚することであることを観測した。人間の感覚受容器は、感覚器官と感覚表面をあるひとつのパターンへと焦点化するひとつの相関システムを形成する。そのパターンは移動によって変更される。わたしたちがものの周囲を移動するとき、見かけ上の位置変化がないにもかかわらず、かたちや色合いが変化するパターンは、ものの様相あるいは「輪郭《プロフィール》」として現れる。わたしたちが「もの」として知覚しているものは、あるまとまりをもった矛盾のないパターンの連続《シークエンス》なのだ。現象学による説明においては、パターン、様相または「輪郭《プロフィール》」と、表面的な外観の連続《シークエンス》である「もの」とを区別している。現実的な経験というものを、わたしたちの目からある一定の距離に現れる表面的なパターンの領域に狭めてしまっているのだ。

外観と現象する「もの」との区別が顕著なのは視覚においてであり、聴覚や味覚、嗅覚、そして触覚の領域においてはそのようなものは存在しない(1)。存在と時間において、マルティン・ハイデッガーは、ものがわたしたちに対してかたちを取るのは、操作、使用を通じてであると述べている。知覚とは、たんにパターンを記録することではなく、進行の途上で道筋や障害を予測し、目的やその遂行に集中することである。わたしたちはその色や手ざわりをとおしてものの力や抵抗を知る。歩道は堅固で硬そうに見える。地面の泥は柔らかく、ぬかるんで見える。ハイデッガー曰く、わたしたちの環境は、力が他の力に及ぼす効果によってその現実性が明らかにされたり、秘匿されるような、力の配置なのである。

ハイデッガーの解釈によれば、ものの物質性は、それらのものが人間の操作を支持し、あるいは抵抗するところに生じる。そのかたちとは力が他のものに対して適合するあり方であり、それを扱う人間の手に適合するあり方なのである。ひとの力が他のものの力とうまく噛み合った時に、その効果は発揮される。ハンマーの特性は、ハンマーを打つときに明らかになる。そこで明らかになるのは、ハンマーの「属性」、ハンマーに備わっている特徴ではなく、その「適所性」である。人間の手と適応するその特殊な方法であり、ある木材にある釘を打ち付けるその方法なのであり、そして、その際に生じる抵抗なのだ。ものの究極的な状態とは、ひとがさらなるものを手に入れようとする際にとる動作を維持するためのその感受性なのである。人間というエージェントそれ自体は、周期的に動作をおこなう物理的な実体としてはみなされない。むしろ人は、外部の世界に存在し(ex-「外へ」sist「立つ」)、外部に存在する道具を種々の目的遂行のための操作を引き継ぐものとして、自分の周囲にあるものの配置を、注意深く見渡し、ある目的をもって測量することを引き継ぐものとして存在するのである。

ひとが積極的に従事する手段、道具、障害、目標の配置を超えたところに、手許にあり、利用可能で、好きなように使えるものの領域が横たわっている。ハイデッガーの説明によると、脇に追いやられたものと壊れてしまったもの、使い古されたもの、余計なものがそのようなものなのである。

しかしながら、こうした解釈はわたしたちの経験をあまりにも偏狭に描いてはいないだろうか。わたしたちの周囲を見渡してみれば、わたしたちの目、耳、感触、感受性は、わたしたちが操作したり扱うはずのないパターン、リズム、音色、残響、もや、反射光、微光、閃光の輝きといったものを記録する。独力で人間とは無関係に存在する蝶や木々、山並を目にするとき、ひとはそれ自体を見ている。(2)

ひとはみずからを取り巻く場をさまざまな力の働く場として経験しているのであって、たんに力のベクトル、つまり道具的な関係性としてのみ経験しているわけではない。空間は、まばゆい光や微かな光、爽やかな空気やどんよりとした空気で満たされている。わたしたちが木々の枝の中を移動したり、ある建物のレンガの中を移動すれば、その容積《ヴォリューム》を支配する圧倒的な力に気づく。アフリカのサバンナでキリンに遭遇すれば、現象学的な説明は、背景の色と対照的に浮かび上がるキリンの表面色を表示する包括的な概観について事細かに述べるであろうし、ハイデッガーであれば、キリンが前方の対象に向けて移動する際の力学的な力として、その外形を説明するであろう。しかし、わたしたちはそのキリンのうちにある生命の内部空間を強く感じるのだ。

アントニー・ゴームリーの彫刻は、わたしたちの身体の内部空間の感覚を呼びおこす。みずからの身体の内部空間の感覚が高まることで、わたしたちはゴームリーの鉛、あるいは合金の彫刻の内部空間と意思疎通をはかる。わたしたちは、ほかの生命なきものの内部空間とも通じ合うようになる。(3)ギザの真昼の灼熱のなか、旅行者たちが冷房の効いたバスに乗って冷房の効いたレストランに連れて行かれるなか、わたしたちはクフ王のピラミッドにこっそり引き返し、ファラオの玄室にわたしたちだけでたたずんでみる。すると、みずからの生命が置かれた小さな世界の広がりと、自分の周囲に、足元に、頭上に、ピラミッドの石が広大無辺に広がっているという強烈な感覚に襲われる。ここは安全なところだ。この構造物は四五〇〇年にわたって存続してきたのだから。しかし、みずからの身体の内部空間とピラミッドの空間の不均衡のために、わたしたちは押しつぶされそうになる。

わたしたちがものの内部空間を感じるのは、恐る恐る氷河の氷の裂け目に足を踏み出すときだ。あるいは、川が断崖絶壁に飲み込まれていくのを見るとき、北極圏のツンドラである巨礫に腰をおろし、周囲の巨礫群に目を留めるときであり、水の小滴を含んだ雪片のかたち《デザイン》をつぶさに見つめるときなのである。

10

石

西パプアのハイランド地方での滞在の最終日に、知り合ったひとりのラニ人が自分の大切な所持品をわたしにくれた。それは、四インチくらいの黒い石で、太い白線で引かれたます目のなかに、太い白線と細い白線が交差するという不思議な印がついていた。石のかたちは楕円形で、なめらかで、わたしの手になじんだ。自分の居住地を離れて密林に入る時は、いつもそれを肌身離さず持っているのだと告げて、彼はその石をいま、これからの放浪の導きとなるようにと、わたしに与えようとしていた。わたしが、これといった目的や目的地もなく日々歩き回り、いかなる任務や計画もないままこの地上をさまよい、ニューギニアまでたどり着いたことを彼は知っていたのだ。

年かさの白人旅行者たちは、この石はパプア人にとっての呪物であるというだろう。わたしにとっては何であろうか？　彼の友情を示す大切な記念品とはいえない。実際、彼の風貌をはっきりと思い出すことができないくらいなのだ。しかし、わたしはしばしばこの石に魅きつけられる。この石がわたしに呼びかけるのだ。

11 ものの声

わたしたちは大地、光、水、そして、火に呼ばれていると感じる。つまり、わたしたちは周囲にあるものに導かれている。アニミズムとフェティシズムは、こうした経験を理解する、ふたつの異なった方法である。アニミズム——ラテン語のアニムス（風、霊魂、声）に由来する——は物質的なもののなかに霊魂を認める。この霊魂はものとは区別される。創世記では神が虚空で命じ、大空の上に来る水と大空の下に来る水とを、海と大地を、鳥たちと魚たちを、獣たちと家畜たちをつくることから始まる。ヤハウェは、燃える柴のなかからモーセに語りかける。ギリシャでは、巫女がデルフォイの裂けた岩盤から立ち上る蒸気のなかで語る。霊、あるいは霊魂たちはどこにあろうとものものなかで語ることができるのであり、アニミズムは、そのものが生命を宿しているかいないかに関係なく、人類のあらゆる環境を意味の領域とみなすのである。

声に与えられた形式は、それが近くにあろうと、遠くにあろうと、そのものについての情報を伝達することができる。声もまたわたしたちに対して呼びかけ、要請し、命じることができる。現代の言語学は発話行為における呼格と命令法の効力を区別し、文法学と修辞学がそれらの形式と用法を分類する。しかしながら科学、そして心理学でさえ、遠くで発せられた声がわたしたち自身のアイデンティティの中核の部分に大きな影響を与え、わたしたちに訴えかけ、わたしたちに要求してくることを説明してはくれない。子どもというものは、たとえ親がその場にいなくても、親の声に従うものであり、大人の場合であれば、すでに親がこの世に存在しなくても親の声を聞くであろうし、その親のまた親の声でさえ聞き入れるかもしれない。実際、祖先の声が完全に沈黙しているような社会などあろうはずもない。アニミズムは、わたしたちに向けられ、命じられた声が他の生物の声であったり、不在のものの声、あるいは死者の声かもしれないと考える。そうした声はもののなかに聞くことができるのである。

フェティシズムは物質的なもののもつかすかな声を聞き取る[1]。ものはわたしたちを誘惑し、挑発し、命令し、魅了し、虜にする。聞こえてくる声は、並はずれたものにのみ宿り、それに遭遇するかどうかは運次第なのだ。フェティシズムとは、幸運、不運という領域の存在を認めることである。

わたしたちは、多かれ少なかれ人工的な環境にある。その構造、目的、方法は計画されたものであり、そのうえでわたしたちはみずからの行動を思い描き、地図や記号に従う。とはいえ、そういった場所においても、わたしたちを豊かに育むもの、活気づけるもの、うっとりさせるものに遭遇したり、また不吉なものや凶々しいものにも遭遇する。運命のいたずらで、計画した目標に再び戻ることのできない横道やフリーウェイにそれて入ってしまうことがある。わたしたちは日々の生活の計画を立て、目標達成を綿密に計画し、人生を設計する。しかし、振り返ってみて分かることは、人生の重要な転機は、偶然の出会いによってもたらされるということである。たとえば、それは魅力的な教師や一生の仕事を手にすることになる絶好の機会であるとか、恋人や人生のパートナーとなる人との思いがけない出会いであるとか、わたしたちの身体を衰弱させる事故や病気などである。健康であれ病弱であれ、ひとりひとりが固有の感性を備えて生まれてくること、それどころか生まれてくること自体が幸運なのだ。

フェティシスト世界のイメージ

紀元前三万二〇〇〇年前のショーヴェ、紀元前二万七〇〇〇年前のコスケール、紀元前一万八五〇〇年前のアルタミラ、紀元前一万五〇〇〇年前のラスコー、これらの洞窟壁画における、支持体としての岩壁の表現豊かな使用、顔料の濃淡、かたちのコンポジション、人物像に運動性を与えるための分割遠近画法の使用などにおいて、すでに専門的技能が獲得されていた。ラスコーにおけるこれらの技術を目にしたパブロ・ピカソは「われわれは、この二〇〇〇年間に何も学ばなかったに等しい」と言った。オーロックス、バイソン、トラ、レイヨウ、馬が生き生きと描かれ、驚くべき解剖学的技能によって表現されたのだ。しかし、そこに人間の姿が描かれることはまずなかった。

ラスコーには鳥の頭を持つ棒人間の絵がある。ショーヴェにはひとつもなく、コスケールには死者の棒人間がひとつあるのみだ。

人類はみずからの手の痕跡を残してきた。上述した洞窟やパタゴニアの洞窟、サハラ砂漠やカラハリ砂漠の洞窟、インドネシア、そしてオーストラリアにある洞窟で、お互いに文化的関連性を持たない人々が手を洞窟の壁にかざし、乾燥した顔料もしくは液状の顔料をその手ごしに吹きつけてつくった手形で岩壁を覆ったのである。単純に色土に手を浸し、壁に押し付けた手形はまれである。考古学者たちは、場所の離れた大陸の洞窟に手形が広く見られることや、そうした手形にはどんな意味があったのかについて、まだ解明できないでいる。わたしたちは、人間の存在と意志の痕跡のしるしを不動の物質の上に刻みつけようという衝動を見てとるべきなのだろうか。しかし、手形が描き出しているのは手の影なのである。手は消え、そこには岩だけが残った。いやひょっとすると、手はその岩のなかに消えてしまったのかもしれない。

自分たちが生きている風景に、しるしをつけたり、設計することを決してしない人たちがいる。アフリカのマサイ族は大地を一切傷つけない。庭や畑に作物を植えるために大地を耕さず、そのかわりに、畜牛のミルクと採集可能な野生植物で暮らし、日々の食生活をおぎなうために、牛を弱らせない程度のわずかな量の血を牛から抜き取る。彼らはレンガを作るために大地に鍬を入れるようなことはせず、家畜の糞で住居をつくるのである。

オーストラリアのアボリジニ先住民は大陸の外形やくぼみがメロディの形状をしていることを見

いだし、それを歌というかたちで捕らえる。両親からメロディを習い、大陸の端から端へソングラインをたどりながら進むべき道を見つけ出すのだ。彼らは大地にしるしをつけるのではなく、ドリームタイムに起きた出来事の痕跡によって、すでにしるしづけられている風景をそこに見出すのである。長さ三・六キロメートル、高さ三四八メートルある赤ルビー色の岩石ウルルは、まさに大陸の中心として、数百キロメートル四方に広がる平坦な砂漠の中に存在している。太古からの平穏さと静寂のうちに岩は眠っている。そして、夢を見る。ニシキヘビ、サソリ、アオシタトカゲ、ワラビーを夢見るのだ。オーストラリア人の先住民は何世代にもわたってウルルの形状、溝、くぼみを念入りに夢分析してきた。こうした場所の多くには絵が描かれている。大地に描かれて、人々がその上でダンスを踊ったために消えてしまったものや、四万二〇〇〇年前に洞窟の中に描かれたものもある。絵がその場所の夢を引き出し、その夢の手助けをするのである。

インドでは、世界の中心はシヴァ・リンガにおいて、集中的かつ純粋なかたちであらわれる。シヴァ・リンガは楕円形の黒い石で、頂部に三本の白線があり、ヨーニという「子宮」のなかにある。その「子宮」は、その内部に「男根」を挿入するものではなく、その外側に男根が立ち上がる。シヴァ・リンガは、炎の輪の中で創造と破壊の終わりなきダンスを踊るシヴァ神を連想させる。もっとも神聖なシヴァ・リンガは数が少なく、インド中で崇拝されており、天空のガンガー、光り輝く宇宙の奔流（西洋人が天の川銀河と呼ぶ）でつくられる。ヒンドゥー教徒は、天空のガンガーがヒマラヤ山脈のパシュパティナート寺院で地上に到達すると考えており、そこから地上のガンガーであるガンジス川が始まり、亜大陸を横断し大洋に流れ込み、もっとも離れた天空に再びその姿を現わすのである。もっとも神聖な天空のシヴァ・リンガはパシュパティナートで発見されている（西洋人はこれらの天空のシヴァ・リンガを隕石と呼ぶ）。二番目に神聖なシヴァ・リンガは地上のもので、ガンジス川によってかたちづくられ、それらもまたきわめて数が少ない。カシミール地方にあるアマーナス寺院の洞窟には氷のシヴァ・リンガがある。毎年七月に最大に達し、満月の晩にはそれを見ようと大陸中から何百万ものヒンドゥー教徒が訪れる。最後に、ひとの手で彫られた無数のシヴァ・リンガがある。ムンバイ沖にあるガラプリ島（エレファンタ島）には、壁面にたくさんの彫刻がほどこされた洞窟がある。春分と秋分の日には、沈みゆく夕日が洞窟の中央に据えられたシヴァ・リンガを照らしだす。天空のシヴァ・リンガと地上のシヴァ・リンガは、始原のものである。ヒンドゥー教の考えでは、シヴァ・リンガは人間の生殖器を「投影した」イメージなどではない。人間の生殖器は、シヴァ・リンガの第三のイメージなのだ。人間存在の痕跡を、沖積平野、洞窟、山地や天空にしるすのではなく、シヴァ・リンガは、宇宙の川、ガンガーのしるしを人体につけるのである。

ジャワ島にあるボロブドゥール遺跡の仏塔は、南半球でもっとも素晴らしいモニュメントであり、小さな山を取り囲むようにして建っている。そこはジャングルの中にあり、ジョグジャカルタからバスを何本も乗りついでやっとたどり着くことができる。その場所を訪れるために要する時間が、そこを訪れるということが何を意味するのか、そしてそれが自分にどんなものをもたらすのかを明らかにしてくれる。仏塔はすべて時計回りに回りながら上っていくのだが、回廊は一〇段階あり螺旋状に上昇しており、そこを人間のあらゆる活動を描いた壁面をおおう浅浮き彫りの彫刻を見ながら進む。仏塔を上るにしたがって、描かれた物語はだんだんと落ち着いたものになり、調和したものとなる。きみが頂上にたどり着くと、浅浮き彫りは消え、自分が七二のベル型の仏塔に取り囲まれているのに気づく。その壁の穴から仏像の内部を覗き見ることができるのだが、中央のもっとも高い場所にある仏塔は空洞なのである。内部には何もない、いやすべてがあるというべきか。足元にはあらゆる方向に見渡す限り緑豊かなジャングルが広がっているのが見える。南の方角に向かって、ジャングルは勾配し、今にも爆発しそうな煙と燃えたぎる灰を吐きだす火山の壁まで続いている。きみはここまでに上って来た道が同心円状であり、徐々に集中力を高めるように工夫されていたことに気がつく。魂は安らぎ、利己的な衝動と欲求は消え失せていった。何百という人間の活動を描いたイメージが、素の自分に帰らせる。そして、ただ七二体の仏像がある頂上で、ひとはもはや自己を主張したりせず、男でも女でもなく、宇宙的な共感というありのままの姿で、豊かなジャングルや火を吹く火山、慈愛に満ちた天空をみつめるようにうながされるのだ。

こうした作品が呪物崇拝者《フェティシスト》の世界なのだ。そこでは、ものや、大地、大気、火の声がわたしたちに呼びかけ、わたしたちを導く。

アニミズムの発展

キリスト教国の西洋でもっとも崇敬されたイメージは、人間や世界と隔絶した霊魂によって命を吹きこまれた油絵であった。イエスはヴェロニカのハンカチーフやトリノの聖骸布にみずからのイメージを写した。聖ルカは教会にイエスの母、マリアの絵を寄進したことで芸術家の使徒として崇められた。しかし、かれは漁師であった。つまり、かれの画布《カンバス》に素晴らしいイメージを写したのはマリア自身だったのである。マリアは、その後も新世界のグアダルーペで、フアン・ディエゴ（Quauhtlatohua）という名のアステカの小作農の外套に自身のイメージを写しだした。

わたしたちがアテネのパルテノン神殿を見るときに感銘を受けるのは、大陸プレートが古代の衝突によって押し上げた説明不可能なかたちの巨大なむき出しの黒い巨岩と、その上に堂々と聳え立つ光り輝く白い建造物との対照である。パルテノン神殿は、幾何学の抽象的な観念《アイデア》によって計画され、アテネという都市を人間の姿であらわした女神アテナを安置する寺院である。パルテノン神殿の内外には、ギリシャ古代の地下の神々、雷鳴、稲光、火、風、大洋の嵐がそれぞれ人間の姿で設置れている。フリードリッヒ・ニーチェ曰く、そこにアテネの人々はおのが理想像を思い描き、あらゆる情熱、権力、法、国内的調和、忠誠心に対する情熱、さらに怒り、妬み、復讐心、欲望に対する情熱は、肯定され、賛美されたのであった。

ルネサンスはパルテノン神殿とそこにある彫像を再発見した。それから五〇〇年間、彫刻家たちはヨーロッパ一円、そしてアメリカ大陸のヨーロッパの植民地や、インド亜大陸、アフリカの公共空間に、意味ありげな所作のポーズをとる征服者や支配者の彫像を建立することになる。彫像は西洋の国家と宗教が、度重なる戦闘と都市、国家、植民地の建設の過程で築き上げた理想を雄弁に語る。彫刻家は、生命なきものの中に意図、構想の達成、意志、確固たる態度、勇気を込めたのであった。石やブロンズは、こうした英雄的なポーズを動かぬように固定し、反乱、混乱、時間に対する勝利をそこに表すのである。

ルネサンス期には、ジョルジョ・ヴァザーリが、画家がどうやって遠近法、キアロスクーロ〔明暗のコントラスト〕、効果的な光の描き方を導入したかを記録した。さらに、芸術家が宗教的・文化的理想を強化し、部分的に修正しながら、かれら自身の理想をもそこに付け加えたようであると考えた。芸術家が創造者と考えられるようになったのは、かれらが作品に込めた崇高な意味が、その創造的感性と想像力の投影と考えられたからである。

一五世紀の航海術に用いられた技術発展によって、自然は資源や生産物に飛躍的に転換されるようになっていった。ヨーロッパの帝国主義は、他の文化とのあいだで、政治的・イデオロギー的な闘争を開始した。異端的、異教的文化に対する非難と空疎な偶像として他文化の神格を弾劾することは、不誠実な聖職者たちや迷信深い人々が投影した声を他文化のうちに聞き取ったことが原因であった。[2] ピジン語の〝フェティソ〟fetissos は、オランダとポルトガルの商人たちが、西アフリカの人々が交易の対象にすることを拒んでいたものの呼び名だが、――商人たちはどのみちそれを価値がないものであり、いずれにせよ気にくわないと思っていた――そのようなもの〝フェティソ〟を、つまりヨーロッパの魔術に関連する従物〝フェイティソ〟fetiços と同じものと見なしたのだ。一八世紀、「フェティッシュ」という語は、啓蒙主義の未開の宗教に関する理論において取り上げられ、悪霊の力が宿っていると「未開人」が考えた、無生物の物体を意味するようになった。一九世紀には、マルクスがこの語を、交換価値がその使用価値に対して大幅に上回る商品を意味するものとして使用し、二〇世紀には、フロイトが、神経症患者が男根の代用品とした物体を意味するものとして使用した。こうした一連の、人類学的、社会学的、心理学的理論が示すのは、これらのものは実際、物理学や化学が記録するもの以上のものではなく、人間の心理が意図や力をそこに「投影している」ということなのだ。ものにおいて語る霊魂は、祖先、神、異民族の霊魂ではなく、わたしたちの霊魂なのだ(3)。こうした諸理論は、フェティシズムのアニミスト的解釈である。

哲学者ゲオルク・ヴィルヘルム・フリードリヒ・ヘーゲルはその著書『精神現象学』において、精神が徐々に物質の領域から離れ、それと対立し、乗っ取り、次第に精神の欲望によって物質的環境を再構成するという壮大な歴史の流れを描いている。知性は能動的にものの反応を予測することができ、その理解に導かれて、ものを操作し、みずからの意志に従ってすべてのものをつくり直すことができるということを知る。物質的領域は、精神にとってもはや無関係なものでも、不明瞭で理解できないものではなくなる。いまや知性は、もののあらゆる領域に、構造と関係性を認めることができると確信する。最終的には、ものに認められる理解可能な構造と関係性とは、知性それ自身がものに投影した構造と関係性であることを知性は知る。ものはこうした投影に逆らわず、不本意ながらもそれに従う。この段階で精神が認識することは、精神はものの領域から切り離されているということのみならず、ものの領域は精神と切り離された何かではなく、むしろ精神に完全に従属するということである。そうして精神は、みずからの絶対的な主権を受け入れる。

一九六四年、アンディ・ウォーホルは「ブリロ・ボックス」を展示し、ポストモダンアートを開始した。芸術家はもはや、あらゆる有用性から切り離された崇高なものを作って、理想を掲げるようなことはしない。彼らが賞賛するのは、コーラの瓶、スープ缶やブルー・ジーンズであり、純粋芸術の擁護者からは、実用的な価値しかないと思われてきたものである。ところが消費者がそういったものに意味を見出す。彼らは自分のマンションのなかに大量に集めて、陳列している個人的なコレクションや、ブルー・ジーンズやダイヤル式電話、ベースボール・カードのほかのコレクターと繋がることによって、みずからのアイデンティティ、社会的な地位や満足感を明示するのである。

もしかりに、アニミズムが極限にまで行きつくと、生命を吹きこまれた、まさにそこにある物質的なもの、霊魂の声を伝えるそれは、恣意的なものになってしまうかもしれない。ヤハウェは燃えさかる柴の中で話すことができる。現代世界の霊魂は、コーラの瓶やブリロ・ボックスの中で話すことができるのだ。言葉には物質性があり、音素、音の高低、発声、アクセント、持続がある。書き言葉にはかたち、厚み、大きさ、色がある。ポストモダン時代の美術家である、アーティストのジェニー・ホルツァーは、政治的スローガンやコマーシャル・コピー、キャッチフレーズ、合図、合言葉それ自体を、ものに刻みつけるのではなく、商業的なレタリングやイルミネーションで提示し、絶え間なくわたしたちの周囲に映しだされるメッセージや命令を視覚化してみせる。言葉の物質性は、器用で打算的な人間工学の専門家と、その手法を反語的で挑発的に利用したジェニー・ホルツァーが差し出す扇動的で切実なメッセージを前に、後退する。

哲学者のアーサー・ダントーによれば、文化が進化していくある特定の時期に、芸術家たちがこれらの陳腐で大量生産された製品を、商業的なロゴやアイコンと同様に、アートギャラリーに安置するという行為は、これらの消費財がわたしたちのアイデンティティや名声、権力、幸福への渇望を焦点化し、汲みあげていることを示しているという。これらのものの声はわたしたちの声なのだ。これらのものは、わたしたちが新鮮で、刺激的で、魅力的で、美しいと決めたものなのだ。それらはわたしたちが作り上げるアイデンティティや価値を伝える媒介となる。ポストモダンアートは、芸術家が自分自身とみずからの活動を明確に意識するようになった時代を象徴している。そしてそれは「精神が外部を内在化するみずからの働きに意識的になった時代なのだ」とダントーはヘーゲルを喚起する口調で述べる。[4] わたしたちならこう言うだろう。あらゆる場で人間のアニミズムを、明確に意識する時代になったのだ、と。

いまやわたしたちの文化の主流を占める特殊なアニミズムは、わたしたち自身がもののなかに投影する声だけをあらゆるところに見出す。そうしたアニミズムは、人間のもつ、みずからの存在をものにしるしたいという始原の衝動に端を発しているのかもしれない。砂漠やジャングル、大海原や暴風雨の大空の下にあるわたしたちの存在は、なんともろくはかないものであろうか。アートとは本来、うつろいゆく生命のありようを永久に止めておくために、粘土や石、ブロンズといった生命のない物質的素材を用いることのうちに生じたのではなかったか。

フェティシズムの回帰

アフリカ人やポリネシア人の呪物のなかで、骨、化石、水晶、パールといった自然物は、しばしば手のこんだビーズ飾りや刺繍のほどこされた小袋や箱のなかに納められている。人の作ったものでも、珍しいものや、偶然の縁起の良い出来事の折に作られたものであれば、呪物として認められることもある。一九〇七年、ピカソはトロカデロ宮殿の民族学コレクションでアフリカの呪物に出会い、そのかたちとデザインのもつ不気味な威力にすっかり魅了された。それから程なく、ピカソ、ブラック、マチス、ドラン、モジリアーニ、そしてブルトンは、アフリカの呪物の個人収集に手を染めていった。

かりにも呪物を芸術作品として経験しうるのであれば、芸術作品を呪物として経験することができはしないだろうか。作品を制作する芸術家は、芸術作品について百科全書的な知識を持ち合わせてはいないが、彼もしくは彼女にだけ語りかけてくる素材とかたちに対して熱心にその身を捧げる。みずからの手の中に姿を現しつつある芸術作品は、芸術家を魅了し、その手を導く。芸術作品は、芸術家がそれに対して当初抱いていた着想がどうであれ、その一線を越え、超出してしまうものだ。

芸術作品は、未知の道程へと作家を招き寄せる。芸術作品は、仕事や理性の領域の外に、つまり偶然という領域のなかに、その多くが散らばってはいないだろうか。芸術作品は、たくさんの魔除けであり、幸運や不運の前兆ではないだろうか。芸術に勤しんでいるひとを才能に恵まれたものにするかしないかには、運という要因がからんでくる。彫ったものや描いたものが作品となるかどうかは運次第なのである。

「芸術の世界」には、いろいろな時代と様式の芸術作品の評価を専門に研究するひとたちもいる。かれらはプロの批評家や専門家として、学芸員やコレクターにアドバイスをして生計を立てている。しかし、わたしたちのほとんどは、ルーブル美術館で一、二時間も過ごせば、芸術作品の持つ力は不思議と緩和され、あとには疲労が残るだけだ。教会、あるいは、自宅に一枚か数枚の絵画があり、それを見ながら暮らし、絶えず大切なものと取るに足らないものに対する感覚を養い、ふたたびその絵画を眺めてみる、というのが一般的なケースである。芸術作品に精通している専門家であっても、みずからの人生に付きまとい、指図してくる絵画や教会についてペンを走らせることに飽き飽きすることもあるのだ[5]。

アーサー・ダントーがわたしたちの文化の特徴としてとらえるアニミズムの形態は、もののなかにわたしたちの声だけを見出す。しかし、わたしたちの祖先であるとか、死者であるとか、さらに他の生物種たちが絶えず、わたしたちに語りかけ、奮い立たせ、導いてはいないだろうか。わたしたちの芸術の大半は、ギリシャ悲劇の芝居から昨今の集団虐殺の犠牲者の声を伝える演劇や映画にいたるまで、死者の声をわたしたちの耳にまで届けるのである。芸術と呼び習わすようになったもののの大部分が、季節の移り変わりや、冬越えや乾季越えの自然の再生を祝福する儀式や祭りであったり、ほかの動物種との関係を祝福する儀式や祭りであった――日本やアフリカの鶴のダンスのように、守護動物との関係をしめすトーテムがそうだ。今日、わたしたちは自分たちがこの惑星を無数のほかの生物たちと分かち合っていることを、あらためて意識するようになり、かれらの声がわたしたちの注意を呼び覚まし、わたしたちの生を導くにちがいないと考えるようになった。今日では、わたしたちの概念、想像力、価値観、快楽について語るだけに終わらない作品も存在するようになった。例えば、ロバート・スミッソンの「スパイラル・ジェッティ」、ドナルド・ジャッドの一〇〇個の「アルミ・ボックス」、マイケル・ハイザーの「都市」、光でつくられた作品であるナンシー・ホルトの「太陽のトンネル」、ウォルター・デ・マリアの「稲妻の原野」、ジョン・ケージの大気や風による作品、ミュージック・コンクレートや偶然性の音楽がそうだ。

今日、わたしたちの物質世界との関係は、意識という点でも、生命という点でもターニングポイントにあるのではないだろうか。分子化学と天文学は、わたしたちが世界の一断片を再構成した組み立て式の小さな環境を著しく拡大した、その結果、そこにわたしたちの概念と価値をうまくはめ込むことができたのである。ダントーのいうように、ポストモダン文化とポストモダン芸術が、人間の欲望、概念、快楽といったものをわたしたちがそのなかに投影するあらゆるものを賞賛する一方で、分子化学は、わたしたちの内部に存在する物質を明らかにし、興奮状態で悦びに満たされた身体を塩水のなかに浮かんだ化合物へと分解してしまう。わたしたちの外部にある生命をもたない物質が、生物化学者がいまだ解明していないような仕方で、わたしたちの物質的な身体に命令し、導くというのだろうか。

わたしたちは、虚空のなかを回転する岩石と鉱石でできた大きな塊の上に存在している。その空間には、虚空のなかに散らばるいくつかの他の岩石でできた惑星や星々、燃えさかるガスの集積が見える。太陽はありったけの勢いでみずからを燃やし、すでに四五年億年を迎えた地球上のすべての動植物は、太陽の爆発的な終焉をもって灰と化してしまうだろうという天文学の発見は、わたしたちの概念や価値、快楽の中にいまだ組み入れられていない。わたしたちは、物質的現実をめぐる新たな概念を見つけ出し、それが導く結末と運命を知る必要があるだろう。

12　自然と芸術

哲学者ゲオルク・ヴィルヘルム・フリードリヒ・ヘーゲルは、風景画と風景それ自体、どちらが優れているかという問いを立てた。

通常、人工物は自然の産物に劣ると考えられている。芸術作品には感情がなく、徹頭徹尾生きているものとは言い難く、外的対象として見れば死んだものである。そして、死んだものより、生きているものの方に価値があるとみなすことはあたりまえのことである。芸術作品が、それ自体において動くことができたり、生命を持ち得ないことは、もちろん認めてもよい。生きている自然の産物とは、内部も外部も細部にわたって生命を作り出すことを意図して計画されたものからなる有機体である。芸術作品が生き生きとしているのは見かけにおいてでしかない。一皮めくれば、それはありふれた石や木、布《カンバス》なのであり、詩の場合では、詩想《イデア》、つまるところ話し言葉や文字を媒体としたものにすぎないのだ。とはいえ、外面的存在であるこうした要素が作品を芸術作品たらしめているのではない。芸術作品は、ただ人間精神にその起源がある場合においてのみ、つまり芸術作品がそこから生じた土壌にあり続け、要するに精神の洗礼や人間の魂に触れ、そうした秘跡に共鳴して形作られるようなものとなって、はじめて芸術作品たり得るのである。あるできごと、ある個人の人格、ある行動がその献身の過程や結末において保持している人間固有の関心は、人間の芸術とは無縁の一般的な事実の領域で示されるよりも、芸術作品において、よりいっそう純粋に、また明確に際立って表現される。このような理由から芸術作品は、精神の関与しないあらゆる自然物よりもすぐれているのである。たとえば、感性と洞察にもとづいて風景が絵画として描かれるという状況にあっては、この人間精神の創造作品は、たんなる自然の風景よりもいっそうすぐれている。精神の関与するものはすべて、どんな自然の産物にもまさるのである。(1)

13
自然

セコイアの森林地帯、パタゴニアのアンデス山脈、アマゾンのジャングル、南極大陸の氷に閉ざされた大陸を進む時、海に潜り、サンゴ礁に住む魚を短時間見物する時、パラグライダーで風に乗り、空を飛翔する時、ひとは人跡未踏の領域を訪れることになるのだが、その凝縮、断層、皮膜、脈は、人間や人間の文化が作り出すたくさんのカテゴリーや関係性とは関連がない。ひとは、それ自身で誕生しては育っていく四五〇〇種の哺乳類、一万種の鳥類、二万種の魚類、二〇〇万から三〇〇〇万種の昆虫類までをも認識する。われわれは彼らを目にし、彼らはわたしたちを見る。わたしたちは何をどう見ているのかというかれらの生態をいくらかは知っている。

自然とは、湧き立つことであり、絡みつくことであり、はって進むことであり、慌てて走り去ることであり、群れで動くことである。一ヘクタールの熱帯のジャングルには、一〇〇から三〇〇種類の樹木がある[1]。嵐が酷い時には一度も伐採されたことのないジャングルの樹木を破壊し、根が複雑に絡まった樹木を広範囲にわたって根こそぎにする。水没した船は、水面下の激流であっけなくバラバラになり、サンゴやヤギ〔サンゴ虫の総称〕に覆われ、大陸プレートは、横滑りし衝突する。透明な大気には何百万という微生物がわたしたちのそばを群がっては通りすぎる。

自然に足を踏み入れるということは、安定し、安住した状態から離れ、運動状態へと移行することである。秋風の中で落ち葉とともに進み、霧とともに山々をのぼり、雲が散らばったり、集まったりする下で川を下ることである。セレンゲティ平原をウィルドビースト〔別名ツノウマ。ヌー属でレイヨウの一種〕やシマウマ、インパラの群れと行動をともにすること。泳ぐのではなく、大洋の波のなかをサンゴ礁に住む魚とともにフィンをつけて海中を進むことである。自然のなかを進んでいくことは、なにも生み出さない。なにも操作しないし、なにも集めたりしない。オリックスレイヨウやカモノハシ、ハチドリ、蛾に、別れのときにするような情熱的なキスで挨拶をするようなものである。人間の知性はもはや理解したり、照合したり、当てはめたり、法則化したりはしない。むしろ、奔流となり、リズムとなり、流れとなるのだ。人間のこころは空を飛ぶ鳥たちの一部になる。「われわれの思考は最初ビロードのように滑らかな頭蓋骨の空間の中を通って動くが、それはサギが飛び過ぎたり、薄明かりのときに驚いたシカがパッと跳び去るのに似て、予測不可能である」。ポール・シェパードはこう書いた。「思考は意識の間を縫ってさっと飛び去り、（……）瞬時目にされ、閃光のように飛び去ってしまう[2]」。

14　触れること

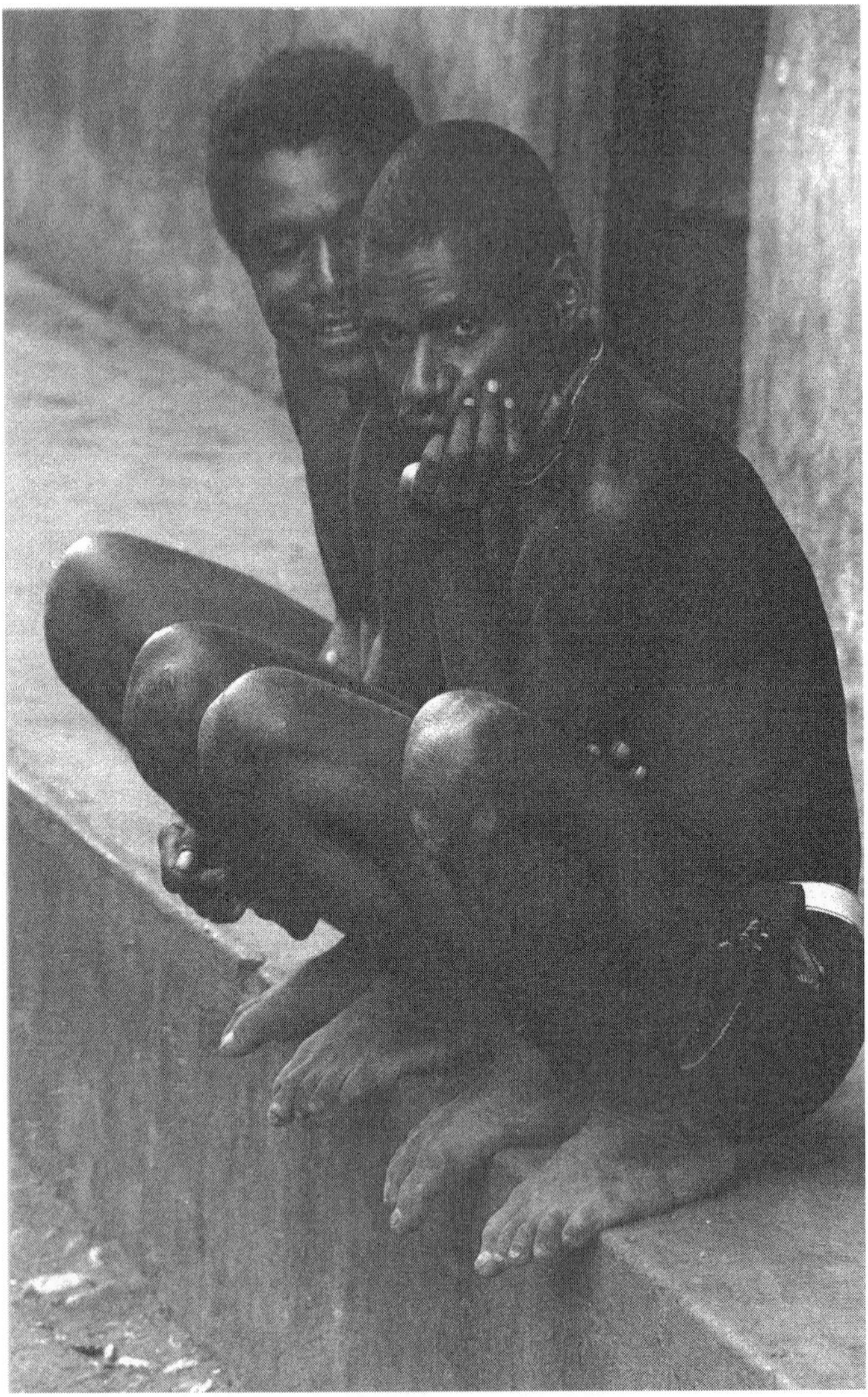

手は身体のなめらかな表面をやさしく撫でまわし、肉体というあたたかく、しなやかな実体を感じる。官能的な手によって裸にされ、愛撫によって見いだされる身体とは、なんらかの目標や道具を操作するためにその姿勢や運動図式が方向づけられた、効率的でコントロール可能な身体ではない。愛撫は骨の構造と横紋筋が突き出た手足を避け、頬、唇、胸、腹、腿にとどまる。愛撫される身体は、何かのための姿勢をとることをやめ、手足は重力を受け入れ、その肉体はもはや抵抗するすべを知らない。愛撫は、情報を集めたり、目標をねらい定めることではない。それはその時々の勢いをそいだり、即興的な思いつきや遠い過去が導きだすものを先延ばしにはしない。愛撫は目的なく繰り返される。

手はじらしながら、相手の手の中に喜びや苦痛の渦を燃え立たせる。脇腹に、腹に、胸に、唇において。相手の悦びによって、愛撫する手は高ぶる。それらの感じる悦びは、相手の悦びによってもたらされる悦びである。それらを興奮させるのは相手であり、相手の苦痛と喜びの痙攣なのだ。喜びとは存在することであり、現在を満たし、過去を断ち切り、未来を封じることである。官能的な愛撫によって学ぶものはなく、手に入れるものもなにもない。

愛撫のなかでわたしたちが感じるのは、霊魂や分身、人格といった触れられないもののしるしや痕跡ではない。わたしたちが感じとるのは、生身の、血も肉もそなえた実体としてそこにある、繊細で官能的な身体であり、そのリアリティはまったく疑いようがない。

愛撫されているときの相手の身体は表情にとぼしく、姿勢や身体動作はその状況において、もはや手段や目的を志向していない。顔は愛撫されると、疑問や主張、要求、指示、情報といったものを、焦点の定まった目や、吊り上がった眉、ゆがんだ唇というかたちで示す場所であることをやめる。相手の身体はもはや語らず、会話の流れは突如として、ナンセンスと笑いとなる。声を出すことがあるとしても、ささやきや叫び、ため息が漏れるだけだ。愛撫されているときの身体は幼児のそれだ。身体を愛撫するわたしたちの手は、幼児の、動物の手なのである。

わたしたちは人間同士で愛撫するように、馬や猫、バタンインコを愛撫する。また、馬や猫、バタンインコが互いを、そしてわたしたちを愛撫するように、わたしたちはかれらを愛撫する。わたしたちは、愛撫しても反応することのない、彫像や彫刻、陶器、木々、木製家具、綿の苗木、コットン製の衣服をも愛撫する。

わたしたちは、誰かに名指しされ、訴えられ、要求を突きつけられたとき、またその要求が重要で、差し迫った緊急のものである場合に、責任というものを経験的に知ることとなる。官能的な関係が生じるのは、そうした必要性や要求がない場合、飢えや喉の渇き、寒さや住むべき住居がない状態を免れている場合なのだ。官能を感じているとき、ひとは武装解除し、裸になり、わたしに対し何も要求せず、みずからを明け渡す。何かを慎重に計画したり、何かに役立つような、わたしの意志にではなく、わたしの身体、つまりわたしのものなのか相手のものなのか分かち難い快楽に対して、みずからを明け渡すのだ。

官能にふけることとは、快と不快に対して無責任に応答することである。この応答は即座に、接触することによって生じる。それは快いものであり、愛撫される身体の感じる快楽に応えて、愛撫する手が感じる快楽なのだ。悦びを与えているとき、愛撫は見返りや報酬を求めない。そして、目的のない、責任のない気ままな愛撫は結果を顧みない。

官能的な接触は、相手の人格を冒涜するようなことがあれば、エロティックなものになる。ひとの公的なしかるべき存在としての対面を解体し、社会分野での管理され、定められた地位に影響を与えることがある。気取った態度や懐疑的な態度の破綻、役割や役目、自尊心の剥奪には、特別な興奮を覚えるものだ。明け渡すこと、相手に曝け出してしまうことには、服従とその痛みによって得られる興奮への承認がある。

官能的な愛撫は、誰かを支えるために身体をきつく抱きかかえることや、治療や救出の効果や保証はなくとも、先の見えない他者に寄り添い、その深い苦悩を慰めようとする接触には及ばない。

言葉は本やコンピュータファイルや放送番組のうちにあまねく蓄積されているが、そもそも言葉というものは、面と向かって、わたしの注意を惹こうとし、反応を求めるひとに対して向けられるものだ。相手の言葉に呼格や命令法の効力を与えるのは、相手がわたしを選び出し、わたしに向き合うことによって生じる動きなのである。

わたしと面と向うとき、相手は強く自立していると同時に、傷つきやすく愛情に飢えた存在をさらけ出す。彼女の肌には硬質なものの縁に触れたときの感受性の鋭さを見ることができるし、彼の皺や傷には死すべき運命を見て取ることができる。わたしは、相手の顔に傷つきやすさを見ることはないし、知覚的データを解読しそれを組み立てることもない。傷つきやすさは、ただわたしをつき動かす。わたしは彼女の痛みに触れて、それをみずからの身体のうちに感じるのである。わたしの目は彼女の素肌の繊細さやそこにある傷を見るのではない。わたしの目はひるみ、痛みを眼差しのなかで感じとる。腕を伸ばして挨拶の握手をする際、わたしは相手の無防備と死すべき運命を感じるのである。

「気配り《タクト》」という言葉は軽い接触、柔軟で臨機応変な接触、そして遠慮することを意味する。それは、手で触れられるものや他者を理解、占有、操作することに関わる接触《タッチ》とは対照をなす。みずからの力や意図を抑制する気配り《タクト》は、受容性の繊細なあり方である。部屋のなかの肉体こそが、機転《タクト》を押しつけてくるのだ。気のおけない相手とのやりとりのなかで、わたしは相手の不安、怒り、恥、はにかみ、秘密を意識する。

傷つきやすく、死すべき運命にある相手との関係が倫理的なものになるのは、相手方が大切にしていたり、気にかけているもの、相手を喜ばせるものに触れるときだ。それはたとえば、難民が帰ることを待ち望んでいる山間の一区画の土地であるとか、収監されたゲリラが愛するスラムの活気ある暖かさであるとか、子どもの好きな沼地に生息するカエルや野の花や、産業発展によって奪い去られたものなどである。

傷つきやすく、死すべき運命にある他者との関係は、たんなる悲惨と衰弱の伝染である同情を生むことがある。助け、与え、それじたいを治そうという単純な衝動は、権力への意志である。気配り・機転《タクト》とは、他者が自分自身の運命を生きるために、みずからの苦しみを必要とし、それを欲してさえいるかもしれないと理解することである。恋人には愛をめぐる不安や苦悩が必要である。愛が例外的なのは、わたしたちは愛を恐れ、誰かを愛しているときほどに自分がもろく、いとも簡単に深く傷つけられることはないと知っているからだ。母親とは自分の息子に心を痛めないではおれない存在だ。母親は自分の息子が同胞の困難のためにみずからを犠牲にし、暴力革命にみずから身を投じることを選んだその苦難に心を痛めないではおれない存在である。

今日の物言いでは、気配りの利い《タクト》た態度とは、他人に対する如才ないアプローチのしかた、または誰かから一定の距離をおく如才ない方法を指し、とりわけ、配慮のある言葉遣いのことを言う。

「気配り《タクト》」という語における接触の概念は、たんに比喩的なものにすぎないと思われるかもしれない。しかしながら、ひとの心痛や憤怒、屈辱、用心深さ、秘密といったものに距離をとって触れる言葉遣いというものがあるのだ。

通りの雑踏から「おい、アル！」と誰かが叫べば、わたしに向かって放たれたこの言葉はわたしに届き、わたしの外観を、わたしの社会的にコード化された身振りと役割をも貫き、わたしに、「わたし」という語によって意味することができるすべてに、届くのである。わたしが答えるとき、わたし自身の釈明をするときにはいつも、わたしはそれが起こったということを受け入れる。わたしの上役、同僚の声や、学部長としての回答や、警官、あるいは、父親からの声に慎重に応答するときでさえ、本当の自分に触れられたと感じる。実在する、実体としてのわたしと接触するのであって、わたしという記号や痕跡とだけ接触するわけではないのだ。

そして、わたしの言葉もまた他者に触れる。わたしが他者に向けて発する言葉のすべてに、わたしがいかに彼に影響を与えているか、いかに彼女を困らせているか、いかに彼や彼女を疑問に感じ、苦しめ、怒らせ、応援し、楽しませ、慰めているかを感じる。わたしはそれを彼の表情に、彼女の皮膚の震えや痙攣に、彼の手のこわばりや萎縮に見出す。わたしの言葉や応答は、その言葉の文字通りの意味のみならず、トーンや速さも、他者の傷つきやすさや悲痛によって変化する。

愛撫がたんに他者のエロティックな快楽を表すだけではないように、気配り《タクト》はたんに他者への敬意を表すだけではない。エロティシズムが愛撫のなかで実現し、現実のものとなるように、他者に対する敬意、倫理的な態度は、思いやりのなかでこそ現実のものであり、実現されるのである。

関係を保つ言葉、感動させる言葉が存在し、愛撫して、心温める、官能的な言葉が存在する。そして、エロティシズムも倫理学もとりわけ沈黙を要求する。エロティックな接触において、明確な会話の道筋は崩壊し細かく砕かれて、からかい、ナンセンス、笑いにいたる。エロティックな接触は真実の確立を探求する言語、つまり万人にとって正しいことを探し求める理性的な言語から断絶している。エロティックな発話は私的言語である。恋人たちの会話から学ぶことは何もない。

他者の傷つきやすさや死すべき運命に触れるのみならず、そのひとのもつエネルギーや快活さのもっとも奥深い源泉にも触れるという倫理的な関係においては、気配り《タクト》は沈黙から生み出される。沈黙とは、他者の感じていること、他者が夢見ていることに耳をすまし、受け入れ、感じとることである。実際、この沈黙、こうして耳をそば立てることは、わたしたちが話すすべての言葉のうちに存在しているものだ。その言葉のトーンを調節し、わたしたちが他者の考察、判断、拒否、同意に応じて何を口にしようとも、そこには沈黙が存在しているのだ。

適切な触れ方、適切な言葉、適切なトーン、適切な沈黙をうまく見つけられるのは、わたしたちがそのひとの複雑な状況や混乱に触れて、それについて話すときである。わたしたちは、難民や、飢餓や疾病の犠牲者に、不安定な天候のもと過酷な土地で働く農民たちのなかに、こうした気配り《タクト》を実際に目にすることができる。そして、あらゆる友情関係にこうした気配り《タクト》を見ることができる。

言葉によって、わたしたちはものと接触する。わたしたちはまた、ものと長いあいだ深くたずさわってきたひとを評価し、尊敬する。レンブラントの絵画や、カンボジアの寺院、裏庭にある柳の木について時間をかけて親密に紡がれた思考は、それについて語るために適切な言葉を見つけ出す。

適切な言葉や適切な沈黙を見いだす気配り《タクト》は、現実の人々との関係のみならず、ものとの関係でもある。コルカ渓谷やサヘル地帯のバオバブの平原、エンジェル・フォールやカラハリ砂漠、ヒマラヤの黄昏時の赤く燃え上がる集落と接触し、関係を保とうとする言語は、適切なトーン、適切な沈黙を見つけ出し、そしてそれは簡潔なものである。そうした言語は、誰もがそれらについて口にすることができるすべてを保存しているウェブサイトではなく、わたしたちが接触した現実のものとのつながりを維持させてくれる詩や歌の歌詞である。抑制の効かない多弁は、人間に対する気配り《タクト》の欠如であり、等しくものに対する気配り《タクト》の欠如でもある。セコイアや真珠や化石の現実的な実在が、いかにわたしたちを沈黙させることか。

Ⅲ　神聖なもの

15

濱聖

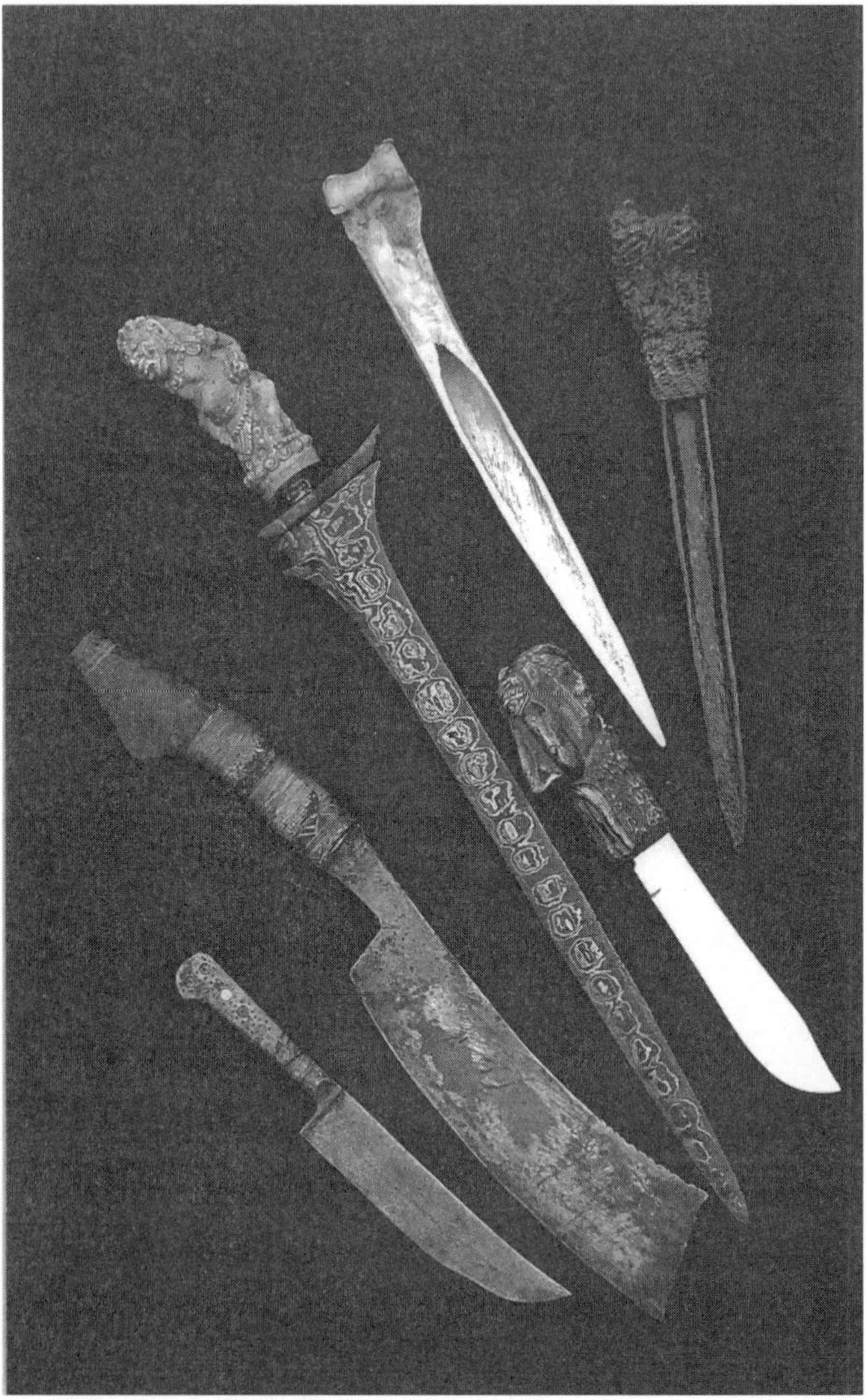

聖域、聖なる領域は、禁制やタブーによって境界を定められ、世俗の領域と切り離された、暗い場所、もしくは、輝きを放つ場所である。そのような場所で、神聖なものと出会うことは、分離されているものの力、仕事や理性の世界、すなわち計算と充当の世界の限界を示すものの力と出会うことだ。

聖なる領域は、供犠の場所である。みずからを合理化することにいそしんできた現代の世界宗教は、供犠を——財産、人間以外の動物、さらに最初に生まれた子どもを捧げることを、未開の今や衰退した宗教の特徴とみなす。ところが、アンリ・ユベールとマルセル・モースは、供犠はもっとも普遍的で、おそらくもっとも根本的な宗教行為であると主張した(1)。

この上なく貴重なものをささげるとき、もっとも上等な獲物や家畜、最初に生まれた男子は、あらゆる利用目的から外され、世俗の領域から切り離される。あらゆる世俗の用途から除外されたものは、破壊されるなかで、完全に、そして決定的に切り離される。

供犠において、焼き尽くしたり、屠《ほふ》ることは、すべての仕事や理性の空間を抑制する、独自の、聖なる力を啓示する。収穫した食料をささげる供犠においては、暴力的で不屈の炎の力が人間の労働を焼きつくす。生贄の身体を切り裂くナイフは、保護するための皮や皮膚を切り開き、撒き散らされた内臓が悶え苦しむ陰惨な光景をさらし、原野で捕獲された雄鹿や雄豚の生命体の内側にある荒々しさをさらし、子どもの内に潜む知られざる野生の力を暴露する。シャーマンや司祭、アブラハムのナイフは、理解を超えた生命の核心を暴き出し、生物組織の内部にある非人間的な暴力を明るみに出す。

供犠を執り行う司祭は供犠のために俗世間から離れ、人々の名においてそれを行う。人々は収穫、捕獲した動物や家畜、野生動物、初子《ういご》を届け、司祭の行為に参加する。供犠を執り行うものは生贄にみずからを重ねあわせる。アステカの司祭は生贄の血でみずからを覆い、その皮を剥ぎ、裸の身体に生贄の皮を頭から被る。そして、聖なる圏域にみずからの財産、狩猟の獲物、子どもたちを委ねるわたしたちは、それらの生贄にみずからを重ねあわせる。犠牲となった雄ジカやイノシシは、本来であれば、わたしたちの暮らしを支え、養っていただろう。山の神ヤハウェに生贄として捧げた初子《ういご》に、自身を重ね合わせないことなどあり得ないではないか。生贄の血が流される瞬間、参加者は自分の存在がナイフで抉られるように感じる。聖なる生贄に炎が燃えあがるとき、その炎はわたしたちをも燃えあがらせる。
　参加者の感情的なつながりは饗宴に引き継がれる。饗宴では莫大な財が消費され、人々はお祭り騒ぎのうちに我を忘れ、自制心をなくす。そして、ドンドンと鳴り響く音楽やダンスの力や、暴力的で、エロティックで、度を超えた強い衝動、そして、夜の森や川に放たれたエネルギーに憑かれたようになる。

　ある晩わたしは、美術学科のある学生がポーランドの田舎で撮影した写真の展示を観に出掛けた。しばらくして、ひとびとが写真展の背後にある部屋に入っていくのを目にし、わたしもそこに加わった。そこには、筋骨隆々としたたくましい男性が裸で逆さ吊りになっていた。足はロープで縛られ、そのロープは天井のフックに結ばれていた。小部屋の反対側の壁には、たくさんのナイフが載せてある台がいくつかあり、肉切り包丁、鋸歯状ナイフ、狩猟用ナイフが積み上げられていた。もう一方の壁には、銃と弾丸の入った箱が置かれた台があった。壁には、各州で前年、これらの武器で殺されたひとの数を記した国内の地図が貼られていた。四五分くらいの間だと思うが、わたしたちはそのあたりに突っ立って、天井からぶら下がっている男性を見たり、獣のように押し黙って台の上のものを見たりしていた。この裸で逆さ吊りにされた筋骨たくましい若い男性は、最強の人間の生命力を示していたが、いまや極めて攻撃されやすい状態にあった。挑発と残酷さへの誘惑が、わたしたちのなかで渦巻いていた。おびただしい数のナイフや銃、国内の至るところで切り倒されたひとの数字をかわるがわる目にしていると、わたしたちの周囲に裂け目が開くかのように感じられ、その深淵を前に身震いした。ついに、わたしたちのうちの一人が、ナイフを取り、ロープを切った。男性は床に落ちた。すると、知り合いの学生のアンディが、近くでこうつぶやくのが聞こえた。「ショーは、そんなふうには終わらない」。そして前方へ飛び出し、ナイフをつかむと、床をめがけて力の限りに投げつけ、ナイフは床に落ちた男性の腕をかすめた。しかし、彼はナイフを持っていることをすっかり忘れて、あまりにも激しく突き刺したので、手がナイフの柄から滑り、刀身によって掌と指を深く傷つけることになった。彼は自分の手から血が溢れ出すのを見ながら、激しく手を振りまわし、落ちた男性の身体中にその血を浴びせることとなった。

アンディはミュージシャンで、何度か手術をしたが、医者は彼の指の腱をかつてと同じように演奏できるほどに回復させることはできなかった。最初の手術の前に、彼のために友人たちが集まった。彼はわたしたちの間を動き回り、どちらかといえば、以前にもまして精力的で、活気にあふれていた。

部屋の中のわたしたちは、自分たちの身体が混ざり合ってひとつになるのを、宙づりにされて、わたしたちの前に落ちてきた男性に惹き込まれているのを、クラクラするように感じていた。彼が何も身につけていないことが、視線を遮ぎるにすぎない衣服の下にある、わたしたちの裸体を意識させた。そして彼の身体の脆弱性を、わたしたちはみずからの肉体のなかに感じたのだ。わたしたちへと伝染した不安は、ただ暴力でしか断ち切ることができないものであった。そしてついに、わたしたちのうちのひとりが、ナイフを手にしてロープを切り、その男性は床に落ちた。しかし、アンディは、容易には消尽できないほどの激しい暴力性を感じ、ナイフをつかみ、わたしたちの足元でその男性の腕を切りつけたのだ。彼のナイフが自身の手を深く切ったとき、彼が突き刺そうとした男性との一体化が生じ、わたしたちはその落下した男性の周囲に撒き散らされた血は、自分たちの血なのだと了解した。

わたしたちはアンディの行動にショックを受けると同時に、興奮した。彼はわたしたちの代わりに、落下した男性を残酷な目にあわせるという、わたしたちの抱いた誘惑をはっきりと受け止め、わたしたちの身体から残酷にも血を流させることによって緊張を解き放つという衝動を実行したのだった。

リオデジャネイロのアトランティカ大通りは、コパカバーナ・ビーチにそって伸びている。広い歩道の片側にはレストランやカフェが軒を連ね、ビーチに面したテーブルからは、銀色にチラチラと光る海を望むことができ、旅行者が集っている。人々が食事をしているテーブルのあたりには、地元のひとたちが紙のコーンに入ったピーナッツや小さなソーセージ、キャンディ、タバコや旅行者向けのお土産――麦わら帽、Tシャツ、絵葉書など――を売り歩いている。ある日、わたしはそこでサンドウィッチを食べていた。一人の男が近づいて来るのに気づき、彼の両腕が切断されているのがわかった。一方は手首の関節から、もう一方は肘の上あたりで切断されていた。かれはテーブルを回って、食事中の人たちにしつこくものを売りつけていた。

彼が近づいてきたとき、わたしの目は彼に引き寄せられた。わたしたちの目が、不自由な手足や、障害のある身体を前にしたときのように。彼らを見て、わたしたちのなかで生じる疑問は、どうやって暮らしているのか、ということだ。とりわけ、彼らが弱々しく、意気消沈しているようには見えず、それどころか、精力的で積極的に見えるときはなおさらだ。より深い何かがあるのだ。無生物がそうであるように、つねに落ち着いた状態にあるという傾向は、わたしたちの身体の特性ではない。わたしたちの身体が生み出す過剰なエネルギーは、困難な課題や危険に備えるためにある。しかし、過剰なエネルギーはわたしたちの身体を立ち塞がれた道や危険な脇道へと不必要に送りだすことがある。そのエネルギーが、最後の氷河期時代にわたしたちの祖先をシベリアから北アメリカへと氷河を横断させた。それは、わたしたちの同時代人を深海へと潜らせ、ロケットを宇宙空間へと発射させる。わたしたちの身体は切断手術を受けたひとたちのなかに、わたしたちのもっとも活動的な衝動のうちに潜む可能性として、けがの前兆、四肢の切断、ついには無能力になることを潜在的に見て取るのだ。

その男が近づいてきたとき、わたしは彼が食事をとる客のまえに義手を投げ出しながら何を売っているのかを見た。それはナイフだった。彼のパフォーマンスは公共空間で行われていたが、その観客は、過酷でグロテスクな筋立て《プロット》を見るためにそこに来ていたのでも、見たいと思っていたわけでもなかった。テーブルの食事客たちは、当初は観光客向けの土産を売りつける別の行商人に不快感を抱いていたが、今度は、その男が彼らの目のまえに投げ出す義手を目にするや嫌悪感を抱いた。彼らの嫌悪感は、たんなる貧しい地元の人への同情ではなく、身体の不自由な人に対する同情の渦によって沈静化された。しかしそれから、彼の指や手のない義手を前にしたときの恐怖が、彼の売るナイフを見て回帰したのだ。外見上は、彼はナイフを売っているだけだが、観光客向けの土産物であるナイフは、彼の手を切断したナイフであり、単にパンや肉を切るだけでなく、彼らの身体を切り刻むためにも使われるナイフなのである。

癒えることなく開いたままの傷口というものがある。わたしはこの男を、彼の義手を、そして彼のナイフを忘れることができない。彼を思い出すたびに、初めて見たときと同じくらい鮮やかにその姿が目に浮かび、彼のパフォーマンスが喚起する暴力的な感情がふたたび波となって打ち寄せるのだ。コパカバーナでヴァカンスを楽しんだひとのなかには、記憶から彼の姿を消すことのできない者がいるにちがいない。彼らは共感、病的な魅力、残酷さというその男に惹きつけられる衝動を抑えつけねばならなかったであろうし、それはまた、彼という存在によって、彼らのうちに呼び覚まされた自分自身に対する衝動でもあったはずだ。その男が立ち去ったとき、彼らは遠目に彼を見つつ、心底不運な人間に対する同情を自覚したであろう。彼らは故郷で、自分たちの閉ざされた共同体で、慈善事業に寄付をし、土曜日には病院の受付でボランティアをしていたことを思い浮かべることだろう。彼らは自分には親切心があるのだと言い聞かせたのだった。

瀆聖は供犠に似ているが、供犠とは正反対のものである。瀆聖とは暴力であり、聖域を取り巻くタブーや禁制を打破して、聖なるものと激しく対立する。瀆聖は、聖なるものの権威や暴力と衝突するのだ。

瀆聖を人々の文化や社会構造に対する暴力と考えることも可能である。フランク族の征服者たちは、ゴート族の聖なる木々を切り倒した。カトリックの君主がイベリア半島を征服したときには、コルドバの千の支柱のあるモスクにカテドラルを建設した。コルテスはメキシコ・シティにあるアステカ寺院を破壊し、その場所にカテドラルを建てた。チョルラ市にある、世界最大であるケツァルコアトル神のピラミッドの、四四五万平方メートルにおよぶ石群を撤去することができず、スペイン人たちはその頂上に教会を建てたのであった。

ところがＪ・Ｃ・ヘーステルマンの指摘によれば、インドでは、社会の供犠は個人の供犠となった。(2) 国家の名の下に、高位の市の役人によって執り行われた七頭の馬の供犠は、西暦紀元の初めまでには行われなくなった。その代わりに、個人が供犠を行った。ハイチやママ・ローラ〔一九三六年生まれ、アメリカで最も有名なヴードゥー教の司祭〕のブルックリンの家(3)では、ヴードゥー教の召使《サーヴィチュール》いの指示に従って、個人の求めに応じて供犠が執り行われる。

瀆聖という、ある場所の侵犯や、個人が執り行う供犠の儀式は、それゆえ、個々人が抱いている、宇宙におけるみずからの位置、意味、尊厳という概念への冒涜とみなすことができるだろう。

今日、世俗主義者たちは瀆聖という体験を支配者たちが抱く権力への単なる意志に減じている。

パリの人類博物館の学芸員であったミシェル・レリスは『幻のアフリカ』のなかで、博物館をより充実したものにするためのサヘル地域における二年間の遠征で行った詐欺や賄賂、コノ族やドゴン族からの儀式の道具や聖具の徹底的な窃盗を詳細に記している。(4) その後も、トール・ヘイエルダールが『アク・アク』の中で、彼が詐欺、謀略、窃盗という手段をつかって、イースター島民の最後の生き残りである家族の秘密の墓から、いかに先祖伝来の家宝や魔除けの彫刻を入手したかを詳しく述べているが、今日、この本を吐き気を催さずに読むことはできない。(5) わたしたちは、瀆聖を行う者たち、つまりはファラオを展示するカイロの博物館の学芸員たちが、ファラオを墓から持ち出し、その死後の生のために準備された聖具や武具、美しい装飾品を剝ぎ取り、その頭から包帯を外したのを知っている。わたしたちは瀆聖はたんに合理主義者や科学的傲慢に突き動かされたものであるとみなしている。

しかし、瀆聖にはそれ以上のものがある。瀆聖とは、聖なるものに対峙し、聖なるもののもつ暴力をもって暴力行為を行うという大胆さをともなう強烈な体験である。ゴート族の聖なる木を切り倒したフランク族の司祭や、コルテスやピサロは、ゴート族やアステカ族、インカの神々を無価値なものと考えたわけではない。むしろ彼らは、異教の悪霊を凌駕するキリスト教の神の威光を見せつけようとしたのだ。ファラオの墓に侵入した調査隊やトリノの聖骸布に放射性炭素年代測定を行う研究者たちは、神話的、神秘的な文化に対し、合理主義的文明の力がそれを超えるものであることを示そうとするのだ。

ベルギーの都市ブルージュにある盛期ゴシック様式の聖血礼拝堂のなかで、ひとびとは聖体拝領台に跪き、司祭は一日中行ったり来たりして、キリスト教世界でもっとも神聖な聖遺物箱に彼らが口づけできるように取りはからう。聖杯、わたしたちの贖いのための血である、イエスの血が入った水晶の瓶聖杯は、一一五〇年にフランドル伯ティエリー・ダルザスが第二次十字軍遠征でエルサレムから持ち帰ったものだ。礼拝堂は、これよりもっと古いロマネスク様式の教会を改築したもので、地下室ではその基礎を見ることができる。柱の裏面上方を注意深く見てみると、石に深く刻まれた呪いのしるしに気がつく。もっとも神聖な神殿の下で、人々は悪魔と契約を交わしたのである。そのとき彼らをとらえた、恐ろしいほどの大胆さと嫌悪感はいかばかりのものであったろう。

二八年前の真昼。イスラム世界に初めて滞在したときのことだ。イスタンブールの立法者スレイマンのモスクに一〇〇人程の男たちが集まり、礼拝し祈りを捧げていた。わたしは敷物《ラグ》のうしろの方に腰を下ろし、光り輝く巨大なドームを戴いた建物の冷気の中で座っていた。ヨーロッパのカトリック教会や、わたしの若い時分のカトリック教会ともちがって、祈りのための場所は聖域ではない。今日のイスラム教徒は、初代のイスラム教徒のように砂漠でも同じように祈りを捧げる。祈りが終わり、ひとびとが立ち上がり、モスクの外へ移動したとき、一人の若者がわたしのところへ来て、わたしがどこから来たのかを尋ねた。彼はオマールという一二歳の少年で、わたしにモスクを見に来るようにと誘った。モスクは慈善行為の場所だ。建築家ミマール・スィナンによって一六世紀に複合的に設計されたこの建物で、わたしたちは貧しいひとたちのための食料配給所、衣服の配給所、病人のための診療所、学校、ホームレスのための宿舎などを訪問した。オマールは英語を学びたいのだと言った。わたしたちは、一日おきに午後会うことに決め、彼はわたしに街を案内してくれたのであった。

彼に会いに出かける前に、ざっとガイドブックに目を通した。ある日、わたしはファナル地区に行こうと誘ってみた。そこは、訪れる人が少ない場所として、ガイドブックに載っていた。街のずっとはずれ、城壁のこちら側にあった。真夏の午後二時で、ひとびとはカフェの陰か、家のドアのうしろにある長椅子でまどろむかしていた。わたしたちは、聖ゲオルギオス大聖堂にぶつかった。レンガと漆喰で造られた教会で、ピッツバーグやボルチモアにあるどんな正教会よりも小さいものだった。正教会の大主教座がおかれていたが、一〇〇〇年のあいだ世界で最大の建築物でありつづけたハギア・ソフィアの気配すら感じさせないほど、そこで小さくなっていた。オマールは外で待っている、と合図した。

中に入ると、ほの暗い明かりと、ろうそくや香の煙すすで汚れた壁があり、街の巨大なドームを戴いたモスクの煌々と明るい空間と著しい対照を示していた。この身廊ではせいぜい一〇〇人くらいの参拝者を収容するのがやっとであっただろう。前方には、聖障《せいしょう》〔聖所（せいじょ）と至聖所（しせいじょ）を区切る、イコンで覆われた壁〕が聖域を封鎖しており、その裏側ではかつて大主教が機密《サクラメント》を授けたのであろう。壁に沿って架けられているイコン画を正統に評価することは不可能だった。というのは、肖像画の顔以外の部分は、ブリキの薄板で覆われていたし、その顔も煙で黒ずんでいたのだ。わたしは、レンガの列柱のアーケードの背後にある右側の壁に向きを変えた。そこには、礼拝堂が並んでいる代わりに、大きな大理石の棺台が並んでいた。覆いの上には装飾のついた十字架とともに紋章が浮き彫りになっていた。これらは、正教会の主教たちの墓に違いないと思った。わたしは、並べられた墓に沿って正面の入口まで歩き、そして、中央の身廊を見返し、それから左の側廊を上がった。教会には誰一人としていなかった。わたしはオマールが外で待っていることを思い浮かべ、彼であれば感じるであろう、居心地の悪さをこの場所に感じた。正教会の最後の付属施設は、街の終わるところで終わっていた。

　わたしは最初に出くわした壮麗な霊廟のところまで戻った。それは、もっとも飾り立てられた墓でもあった。わたしは側廊を見下ろし、中央の身廊に向きなおした。教会には全く誰一人いなかった。それから顔が火照るのを感じながら、かがみこみ、両手で重い蓋を持ち上げて、なかを覗き込んだ。なかにあったのは、しかし、ブロンズの棺であった。びくびくし、後ろめたさを感じて、蓋を下ろした。中央の身廊を振り返ると、入口の扉は微動だにせず閉まったままであった。わたしは棺台に戻り、もう一度蓋を持ち上げた。それをうしろにおろし、さらにブロンズの棺の蓋を開けた。棺のなかは、今は黄色に変色した、白い絹の上祭服〔司祭がミサを司式する時に上に着る、袖のないポンチョ状の式服〕でたっぷりと満たされていた。上祭服は、黒と紫が厚い浮き彫りとなった絹紋織《ブロケード》りが施され、全体に小さな宝石が散りばめられている。ほこりのにおいが立ちこめるなか、刺繍をほどこした絹織物の上にそっと置かれた頭部を見た。バラバラになった乾燥した牛肉のようなものの下に土気色の頭蓋骨がみえ、眼窩にはかさぶたのようなものが、歪んだ歯並びからはしわの寄った皮膚の小片のようなものがみえた。わたしは急いでブロンズの蓋と大理石の覆いを下ろし、そっと建物の外に出た。オマールに挨拶をしたが、彼はカテドラルについていっさい訊ねることなく、わたしをお茶に誘った。

わたしが犯した非道な行為は、数日間、数週間、わたしを苦しめた。たいていのひとは、許されないような悪事を自分が犯すのを想像してみるように求められても、実際に自分がそれを行うようすを思い描くことはできないだろう。かりに、殺人を犯すことが想像できたとしても、その人物はもはや現在の自分ではないと考えることしかできない。瀆聖は、かつてのわたしを秘かに傷つけてしまったようであった。

正教会の成れの果てである、荒涼としたレンガと漆喰でできたこの教会で、埃っぽい骸骨に姿を変えたこれら聖なる教会の大御所たちを目の当たりにするという、壮麗な霊廟に対する瀆聖的行為を犯すことで、暴力的に自身のキリスト教に別れを告げたのだ。わたしは外に出て、日の光のもとでオマールと再びいっしょになった。

しかし、二〇〇〇年にわたる政治イデオロギー制度の不能に対し、知的啓蒙を行うという意図から、故意に手を下したわけではなかった。そうではなく、教会や棺台に誘惑されるように、教会や棺台の発する力に魅惑されていたのであった。教会の暗闇が、秘密の場所に足を踏み入れるようわたしを手招きし、脇に列柱を備えた屋根付きの回廊がわたしをおびき寄せ、まったくの無人であった教会の午後の静寂のなか、棺台の金箔を貼った蓋は、開かれるためにそこにあったのである。刻々とこれらのものが発散する誘惑の力は高まり、わたしは踵を返して教会から立ち去るという意志の力を奮い起こすことができなかった。ジャン・ジュネは、ものがわたしたちに及ぼすこの力、わたしたちをとらえ、わたしたちを虜にし、服従させる力を理解していた。嫉妬に駆られた夫がある日、銃を購入した。それから彼を、必然的に、無情にも殺人者へと至らしめたものは、その銃なのである。教会の神父たちはこう書き記してきた。ものにはきわめて強力に人を誘引する力があり、その力は神聖な恩寵の助けを得られるとき、神の直接的な力が介在するときにだけ、わたしたちはようやくそれに抵抗することができるのだ、と。

棺台の大理石とブロンズの覆いの下に明らかになったのは、想像を超えた、耐えがたい死の力であり、ビザンツ帝国の死、その聖なる支配者たちの死、かつては名声をほしいままにした知の巨人たちの死、何百万という人々の仕事や栄誉の死、すべての人間の理性とすべての人間の仕事を挫き、あざ笑う死、そして、わたし自身の死なのである。都市ビザンチウム〔東ローマ帝国の首都。前七世紀、古代ギリシャ人の植民都市として建設〕の帝国主義と富においては、二〇〇〇年におよぶ宗教的な努力、知的な、歴史的な努力は、つねに死との闘いに晒されていたことが明らかになった。闘いは未来のグローバル商業世界においても継続されるであろう。そこでは、熱帯雨林や、氷河、極地の氷冠、宇宙空間の果てしなき広がりが、人間の仕事や理性に屈し、商業活動によって、測量され、侵入され、搾取されている。そしてその闘いは、自身の瀆聖によって、聖なる生贄となったわたしのなかで続いていくことだろう。

Ⅳ　暴力

16 物質文化

太古から人間は、個性を磨くことによって、アイデンティティ、価値、共同体を手にしてきた。その勇敢さや忠誠心、歓待精神のおかげで、北極地方のイヌイット、サハラ砂漠のトゥアレグ族、アフガニスタンのパシュトゥーン人たちは、価値と自尊心の感覚を手に入れ、またそのことによって、あまねく知られ、尊敬されることになった。太古から人間は、技術と技能を磨くことによっても、アイデンティティ、価値、共同体を獲得してきた。「汝は何者か?」という問いに対して、わたしは農民である、木こりである、宝石職人である、絨毯や絹織物を織る職人であるなどと答えたものであった。古代においては、英雄や聖人、賢人になることでアイデンティティ、価値、共同体を手にした。「汝は何者か?」という問いに対して、わたしは偉大なる神の一族に連なるものであるとか、イエスやブッダの信奉者であると答えたものであった。人間は、宗教的・道徳的理想を身につけ、実践することでアイデンティティ、価値、もっとずっと大きな共同体を手にしたのだ。たとえば、ヒンドゥー教徒やキリスト教徒、イスラム教徒であったり、啓蒙主義時代の市民あるいは社会主義者といった具合に。

現代の、すべてが監視下におかれ、保険をかけられた都市密集地域においては、勇敢さと忠誠心はしだいに的外れなものとなっている。技術は機械に取って代わられ、習得した技能は定期的に時代遅れのものとなった。英雄、聖人、賢人はセレブリティに取って代わられた。現代の多文化都市では、宗教的・民族的共同体において、友人や恋人を得ることはもはやあり得ないのだ。

土曜日になるとショッピング・モールに繰り出し、大量生産された商品がうず高く積まれた山がどこまでも続くカウンターから、郊外の主婦層向けの冴えないドレスやブルックス・ブラザースのスーツやレザー・ジャケットなどを選び出す。そうしたものを家に持ち帰り、リビング・ルームに陳列し、友人たちにジャズやヘビー・メタル、あるいはクラッシックのコレクションやシンセサイザー、貯蔵したヴィンテージ・ワイン、ガレージにあるドゥカティやデューセンバーグのクラシックカーなどを見せびらかすのだ。わたしたちはこれらのものをめぐって、収集家どうしでコミュニティをつくり、ネットワークを形成する。ハープシコードやヘビー・メタルのアルバムの収集家、ティファニーのランプやモーゼルのライフル銃、ピットブルテリア犬やアンゴラ猫の愛好家など。そして富裕層は、高級住宅地に住み、ヨットやデザイナーズ・ブランドの服、著名な芸術家のオリジナル作品を手に入れることで、エリートとしてのアイデンティティや価値、メンバーシップを獲得するのである。

17 秩序

TOURIST
EXPLORE
GRANA
CATARACT
JAMAICA
BABADOOL
MISRTOURIST
NUBIANGIFTS
إكسبلور
جرانا
كتراكت العالمية
جاميكا
بابا دول
مصر للسياحة
هدايا نوبية
بسم الله الرحمن الرحيم
قل أعوذ برب الناس
قل أعوذ برب الفلق
قل هو الله أحد

ロゴは、企業が取り憑かれたように重んじるようになったもの《オブジェクト》である。ロゴというものが、消費者大衆の動きを左右しているにもかかわらず、ロゴのもつこうした特性を消費者はよく理解していない。ロゴはわかりやすい意味を指し示す記号ではない。「マクドナルド」は、ある種の「レストラン」の同義語ではないのだ。それは黄金のアーチであり、ロナルド・マクドナルドであり、ビッグ・マック（これは紙皿の上の物質の名称ではない）である。ロゴは固有名詞を示すものでもない。マクドナルドとは誰なのか、どんな人物だったのか、知るひとはいない。個人にとってのロゴは、フロイトが考えたような、失われた身体の一部の代替物としてのフェティッシュではない。それはマクドナルドという地球村《グローバル・ビレッジ》、ペプシ世代《ジェネレーション》、BMW階級のメンバーシップである。

ロゴは一目でそれと判別できる。奥行きや意味はない。並んだ文字は、未知の言葉の頭字語である。それは薄っぺらな物体という感じで、表層ばかりで、ニュアンスを欠いた原色をしている。ロゴというものに、唯一性や希少性といった価値はない。ロゴはいたるところにある。だれもが目にし、だれもが話題にする。商業の外にあって、欲望、貨幣、市場のなかの人々の流れをコントロールするもの。ロゴはマルクスが考えたような、フェティッシュと化した商品ではない。

18 汚穢

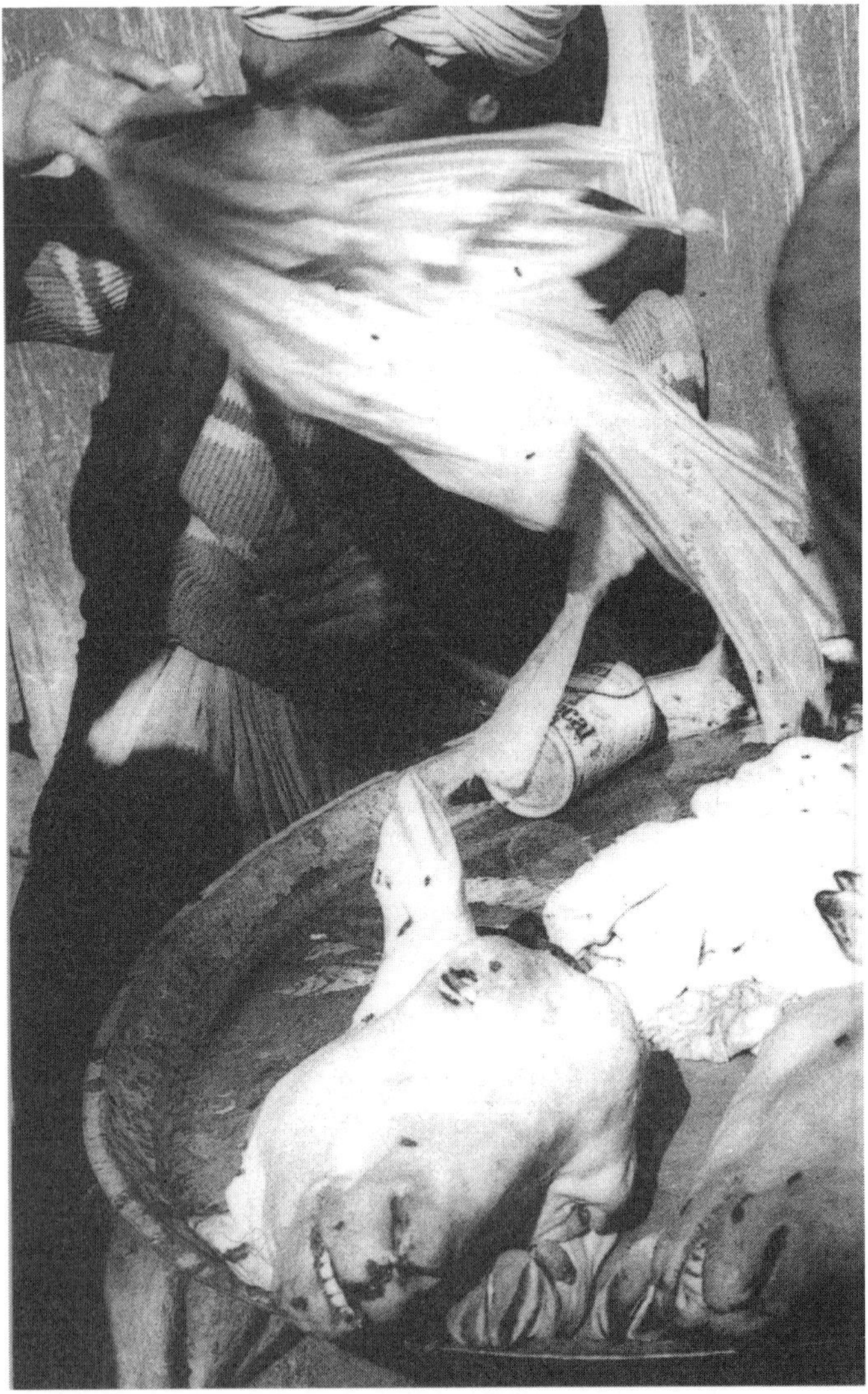

糞便、尿、嘔吐物、膿、鼻水、汗、恥垢、月経。これらのぬるぬるとした物質は、それぞれの形でしみ出し、身体から出てゆき、分解物を外部に拡散していく。これらの物質が身体の外にあるときに触れると、むかつきや嘔吐をもよおし、不快そのものというべき存在だ。これらの物質を前にすると、身体はこわばり、距離を保ったままじっと動かず、その形状や位置を確認する。みずから個体を保持しようという知性的な判断は、汚物や腐敗物から距離をとる身体が生じさせているのではなかろうか。

もとの身体から離れた身体の一部にはぞっとさせられる。足指の爪、かさぶた、皮膚、抜けた毛髪、流れでた血液、切除された包皮やクリトリス、堕胎された胎児、拷問で切り落とされた耳やペニス。そして、組織全体が生命の領域の外に投げ出されたものである屍体は忌まわしい。屍体のなかでは、内なる暴力が、そのなかにあった生命をうばった暴力が、流血、垂れ流しになった糞便や体液、腐敗していく腺や組織のなかで続いている。国家に追放された生身の身体、たとえば反逆者、ならず者、亡命者、難民、犯罪者、売春婦、ストリートチルドレンには不安と嫌悪に満ちたまなざしが向けられる。

食べものの下処理をするときには、血、獣の皮革、切り取られた内臓が、要らないものとして捨てられ、果物や野菜の鞘や皮が残る。店じまいをしたレストランでは、さまざまな材料をつかって、入念に飾り付けをしたケーキの売れ残りが、お椀や皿の上の残りものや残飯と一緒に、ゴミ箱に捨てられる。工芸品や工業製品をつくるときに生じる、削られた断片や削りくずは、がらくたの混沌のなかに沈んでいく。産業は有毒ガスを排出し、水や土壌を汚染する。使えるものはなんでも使い尽くされ、使い古されたものは使いものにならなくなるまで使われた挙句、やがて廃物と化していく。伝道者、政治家、教師は、たえず原理を生みだし、こうした原理はやがてエスカレートし、わめき声になる。考えすぎた考えは、もはや何も思考していない、とモーリス・メルロ＝ポンティは述べた(1)。バイオテクノロジー、繁殖能力の高い家畜のクローン、非常に収穫量の多い作物の遺伝子工学は、奇形や生育不能の動植物を一定の割合で生じさせる。高度に効率化された産業は、失業者を増加させ、商業地区の道端で通行人に向かって手を差しのべる浮浪者を生む。

植物に有害な、人間と他の動物に有害あるいは中毒性のある物質ばかりをつくる産業。情報技術は、政治や商業、軍事上の故意の偽情報、プロパガンダ、ヘイトスピーチを生み、ものごとを矮小化させる会話やイメージを生む。

　生身の身体の失われた片方の目や四肢は、親切心や憐れみを誘う。ところが余剰として存在する部位、たとえば手足の指が五本指よりも多いことや、二本以上の腕や脚、ふたつの性器、両性の性器、異常に大きい頭部、またはふたつの頭部は、恐怖を掻き立てる。

　ショッピングモールでは、マネキン人形が「消費財」すなわち品物や備品を手に持ち、身にまとい、熱に浮かされたような過剰包装やソフトコアなポルノグラフィーのイメージでそれらを肥大化させる。こうした無用の長物は、人を本能的に惹きつけるものだ。マーケティングは、見せかけのポーズをとる棚〔マネキン人形〕やめまぐるしく変化する包装材で、わたしたちの欲望をたえず惹こうと働きかける。こうした棚や包装材は、客が商品を購入するか、商品の販促活動が終われば廃物となる。産業は、政治活動や大きな災害、多くの観衆を集めるスポーツの催しやハリウッドの大ヒット作、著名人の結婚や葬儀に対する、一時的な強い関心を満たすための、服装や記念品について、イメージをあふれさせ、注目させる。外の世界の政策や大災害をわずかに垣間見るメディアの放送の合間に、熱に浮かされたような幸福感にひたる消費者がわけのわからぬことをまくしたてる映像が流されている。

　電子的インパルスを介したスローガン、決まり文句、ジングルは、繰り返されることで行為遂行的な発話行為に変わるが、それらは両義的でもあいまいでもない。風船、子どものおもちゃ、性具、オフィスや家庭のプラスチック製の装飾品は樹脂や原油を原料にしたものであり、なめらかな表面をした物体にはほこりが積もらない。ところが、これらのものを見さかいなしに過剰に生産すること、その虚しい実体、そのなかに意味が消滅することは、それらを常に不明瞭でうんざりするような汚物に変える。そして汚物は時空に充満し、嫌悪感の発作でわたしたちを窒息させる。貨幣。凝った刻印をほどこした紙、浮き彫りをして研磨した金属の円盤。いかなる所有者の手からも流れ出ていくよう作られたものである貨幣は、神聖なものを汚し、堕落させる糞便である。すなわち悪銭だ。

粘液は奇妙にも逆流する。繁栄とは絶え間のない消耗であり、商品、日常や季節の流行の断片、包装、産業を刺激する誘惑を使い果すことだ。流行語、スローガン、おしゃべり、娯楽報道番組、メディアで報じられる十分な知識を持たない個人の言動が、世論や民意を形成する。流血、切断された身体が、政治的で神聖な誉れとなる。伝染病、飢饉、大虐殺によって、封建制度、国民国家や帝国といった統治制度が生まれ、維持されてきた。そして今日では、世界規模の企業支配を形成し、維持しているのだ。

月経期間中に流れた血液のなかで胎児は命を宿し、血液と粘液が放たれるなか幼子は生まれる。蝿、蜘蛛、ナメクジ、蛆は、屍体に群がる。屍体の内部は、めまぐるしく増殖する微生物に満ちている。わたしたちがそぞろ歩く汚れた街路や河岸では、わたしたちの内にある幼児的で肉欲的な部分が、有害で生成的なエネルギーをたぎらせるヘドロへと引き寄せられる。

エロティシズムは、うす汚れた肉体に、絹やスパンコール、糊のきいた海軍将校の制服や、整った髪型や宝飾品によって明瞭なかたちを与え、みだらな欲求をダンスや遊戯、見えすいた芝居に変える。これらは、誘惑、隔離、冒涜されたいという官能的な熱望に分解する。オルガスムの快楽のなかで、身体は姿勢をくずし、四肢はばらばらになって転がり、相手の身体によって動かされ、相手の身体が愉悦にふけるのに身をまかせ、指先は自分たちが何を求めているかもわからないまま、やみくもに調べて挿しつらぬく。自堕落で、取り憑かれたようになり、思考や価値観をもはや抑制できず、感情をおさえることができない。未知の感情に襲われ、みずからの技能的・社会的なアイデンティティ、責任、自尊心を失う。漠然とした巨大なイメージのなかで、空気やエネルギーの爆発、汗や精液、おりものの分泌のうちに、しみと微生物で充満した夜にあって、ひとは自分自身を失う。だがこの放縦は愛し合うことである。そこからすべての配慮、敬意、思いやり、慈悲、献身、気品、称賛、憧れ、崇拝が生まれて、この世界の存在のはじまりへと回帰する。

19　偽物のフェティッシュ、服を脱がされたマネキン人形

英国のアーティスト、ジェイク・アンド・ディノス・チャップマン[1]は兄弟である。かれらは二〇年にわたって共同で作品を制作してきた。これは政治的な連携であって家族ぐるみのそれではない。共同制作は自我《エゴ》の力を抑えてくれる、とふたりは言う。

「ザ・チャップマン・ファミリー・コレクション」を展示した、うす暗い部屋に入ろうとするときにまっさきに気がつくのはその臭い――木、脂、煙の放つ悪臭である。展示室に入ると、三四の台座に据えられた木彫りの像が、スポットライトの光に照らされているのが目に入る。それらの像は、アフリカやメラネシアの仮面のような恍惚としたまなざしをしている。そうした仮面によく見られるように、陰気につぐんだ口元で、まるで重大な秘密を隠しているようだ。現代の多くの彫刻作品と異なり、像は跳ぶことも、踊ることも、台座を離れて何もない空間に舞い上がることもない。縮こまったような姿勢で、周囲の空間さえも物質化し、周囲の空間をみずからの内部へ圧縮させている。像は、骨やツノ、殻、動物の一部が、無機物の慣性に返ったものが、組み合わされてできている。そのいくつかは太い釘であちこちを貫かれており、悪意に満ちた力が敵のうえに及ぶことを願って放たれた呪いを具体化したものである。

するとそれまではアフリカやメラネシア諸島のフェティッシュのように見えたもののうえに、マクドナルドのロゴがそこかしこにあるのが目に入る。しゃがんだ像の脚が、ゴールデン・アーチの形をなしているかと思えば、ロナルド・マクドナルドのモップのような赤毛が、象牙色の静かな表情をたたえた仮面をふちどっている。あるいは三角形の道化師が目の下でちらちらと光っているのに一度気がつくと、陰気に口をむすんだ像たちは浅薄な多幸症的な無意味さのなかに雲散霧消してしまうのだ。

ここでの企業のロゴは、白昼の公共空間で原色の光を発して人やお金の流れを導くものではない。それは保存処理のされていないねじれた木材から錯乱的な彫刻術で形づくった、粗野で曖昧な有形物のなかにはまりこんでいる。ロゴは混乱した理解しがたい堕落においては純化されていない。ハンバーガーはもはや食欲をそそる料理ではない。それらは獣脂と煙で黒ずんだ木材でできたこぶ、腹が脚まで縮んだ、発育の止まった小人の脳みそであり、磔になったキリスト教の神の低俗な愚かしさである。

これらのものは、誰かの特異な無意識の秘めたる奥底に生じた幻ではない。さまざまなかたちで匿名であるフェティッシュとロゴは、ここでは互いを堕落させ、わたしたちの世界の白昼のさなかに認めることができる。

像は驚くほど多彩なデザインや雰囲気をしめしている。おのおのは閉ざされた存在で、わたしたちの陳腐な分析では想像力といわれる虚空のなかに軌道を輝かせる彗星である。像にしめされた技術と完成度にわたしたちは芸術性を見てとるのだ。

わたしたちがそれらのものをフェティッシュと認めるのは、アフリカやメラネシアの祭具との偶然の出合いの結果である。商人や探検家たちが、かれらの論理で珍重し、土地の言葉もわからず、しかるべき経験も、文化を象徴するそれらのものを選定するために必要な手ほどきもなしに、収集したのである。そしてアーティストやわたしたち自身も、ヨーロッパの博物館でこうした祭具と偶然に出合ったからなのだ。チャップマン・ファミリー・コレクションのなかで、いくつかあるもっとも力強い造形作品は偶然によって生まれたものである。獰猛な像が両腕で自分の腹部を切り裂いている状態なのだが、もともとその彫刻が作られたときは、その両手は合わさっていた。像にぽっかりと空いた裂け目は、木が乾燥して一晩でできたものなのだった。

チャップマン・ファミリー・コレクションを展示するほの暗い空間で、ロゴ・フェティッシュの匿名性にとり囲まれると、わたしたちも脱個人化されていることに気づく。かれらは歓びをもって彫った。時代遅れとなった木彫りの技の歓び。どう猛さと秘密を凝縮し、活気と憎悪を発散する、素材となる物質の可能性をじっくりと考える眼の歓び。こうした歓びをまさに分かち合っているのである。完全で意味深いものは、受動的で至福の熟考へといざなう。一方、滑稽なものは、能動的で肉欲的な歓びの笑いをさそう。わたしたちは笑う。機能の崩壊、意味の内破をまえに、力強い、爆発するような歓びをもって。フロイトやマルクス、民族学博物館、西アフリカのフェティッシュが商人たちのまえに初めて現れた過去へと笑い声を響かせて。また笑い声は、世界規模の市場やロゴが、大量生産された商品の氾濫をコントロールする未来にまでこだまする。

「ザ・チャップマン・ファミリー・コレクション」のフェティッシュは、アフリカやメラネシアの彫刻の多くや、「シックス・フィート・アンダー」のような以前のチャップマン兄弟の作品にみられる、誇張したペニスや肛門で遊び興ずものではない。だが、オルガスムの眼、「マミー・アンド・ダディー・チャップマン」の膣である眼は、子安貝の貝殻というかたちでここにも現れる。ひとつのかたちで膣でもあり眼でもあるそれは、像を完全に覆い尽くすまでに増殖している。チャップマン兄弟とわたしたちがこれらのものに見いだす悦び、過剰で、無償の、侵犯的で、発作的な、知的興奮を含めたそれは、本能的なものである。つまりは汚れた悦びである。というのも、これらの像からは、獣脂、煙、灰といったよごれたものの、あやしげな臭いがしみ出ているからである。

チャップマン兄弟の初期の作品は「血液、糞、精液」を描いた。「創造性のレイプ The Rape of Creativity」では、〔作品である〕トレーラーを見るために、犬の糞が撒き散らされた床を歩いて通らねばならない。「接合体の加速、生物発生的な脱昇華されたリビドーのモデル（一〇〇〇倍拡大）Zygotic acceleration, Biogenetic de-sublimated libidinal model（enlarged × 1000）」と題した作品は、さらに不快な類の卑猥なものである。作品は、百貨店に置いてあるような、ガラス繊維でできた二一体の女児のマネキン人形からなる。人形たちの胴体には性器がついておらず、無感情で無気力な多幸感を漂わせている。人形どうしは離れることなく互いを複製し、胴体でつながっている。真新しいフィラのスニーカーだけを身につけた二一体の人形が連結して輪になっている。なかには上下が逆さのものもある。人形たちは一歩前に動くことさえできない。大人の勃起した生殖器を本来とは異なる場所につけているものの、生殖を目的とする性行為はできない。リビドーのモデルは、マスファッションの製造業がつくった安物の製品が、遺伝子工学が生みだす無様な製品と合わさったものである。

百貨店のマネキン人形は、シーズンごとに作られたファッションの流行を、単に大衆に展示するためにつくられたものではない。人形じたいが見られるためのもの、しかも羨望のまなざしを向けられる対象でもあるのだ。人形たちの顔やポーズは消費主義の多幸感をあらわす。しかしかれらは、こうした大量生産の空虚な商品への欲望をつたえるときに、潜在意識の欲望を掻き立てずにはおかないのである。ショーウィンドウのなかで、人形たちはとぎれとぎれに裸の姿となり、来季の新製品のプロモーションを待つ。そのとき、生殖器のない人形の胴体は、通行人の偏執的なまなざしに身体を愛撫されるがままとなる。「接合体の加速」、チャップマンのリビドーのモデルは、蜂蜜色の肌をした子どものマネキン人形からなり、成長して勃起した生殖器をわたしたちの目の前に見せている。ヒト以外の多くの哺乳類や鳥類も、互いに個体を認識しあうときはヒトと同じように顔を注視することを民族学者たちは立証した。生殖器は子どもたちの顔についている。ペニスの鼻や、肛門の口。きらめく髪の光輪の下で生殖器は勃起し、わたしたちに見られることによって勃起する。連結された体のまわりには、かれらの興奮が近親相姦的に渦巻いている。

マネキン人形の顔の無限に再生産される虚ろな多幸感や、かれらの使い捨て可能で人工的な実体のなさは、ジェイク・アンド・ディノス・チャップマンがそれらの像にほどこした、エアブラシをつかった修整や艶加工の仕上げで制止されている。「死二〇〇三」では、ピンク色のダッチワイフがもう一体のダッチワイフをフェラチオしているが、手で触れてみると、プラスチックに見えたものは、青銅を鋳造したものだとわかる。「セックス・アイ」では、蛆、なめくじ、カニ、ハエ、ネズミ、腐肉をついばむ鳥たちが、屍のうえに残された腐った肉の切れはしのうえに群がる姿が、青銅で鋳造されている。封じ込められ、凝結され、固化され、封印された汚物、あらゆる聖なるものや世俗の有用性から分かたれたそれには、何千ポンドもの値がつけられたのだった。

「接合体の、シックス・フィート・アンダー」と「トラジック・アナトミーズ」が提示するのは遺伝子工学の産物である。かれらは機能障害のある体で跳ねまわり、自分たちの奇形や異常なこぶのことなどつゆ知らず、幸せそのものといった表情を顔に浮かべている。大量生産された百貨店のマネキン人形は、表層ばかりで視線を浴びるために作られ、苦悶や苦痛といった感情の深さが欠如している。苦悶や苦痛は、鑑賞者のなかで恐怖や憐憫のカタルシスを解き放つ。鑑賞者はそれをとおして、裸の人間のすがたをした怪物の魅惑に対して道徳的に距離を置くことができるのである。

芸術の殿堂のなかで、かれらの光り輝く艶やポーズは、わたしたちの内に震える倒錯した悦びを呼び覚ます。そしてかれらのことを気に入っていることに気がつくと、わたしたちはふたたびそれを目にするために引き返す。

わたしたちは即座に、大量生産されて余剰とされた消費主義の多幸感と、かれらがおぞましい姿で誘発し、そして今では露骨にわたしたちの内で発動する小児性愛への欲望を理解し、笑う。笑いは、帰結主義的な思考の連鎖を宙づりにし、進歩的で実用的な企てを打ち砕き、わたしたちの身体を、痙攣を起こしたような快楽主義の身体に回帰させる。はじけるような笑いは、この破砕の瞬間まで持ちこたえ、それを解放や歓びととらえる。こうした笑いが生じさせるのは、皮肉のこもった笑いではない。冷静さや、自律的な個人を支配する合理性を再確認するような、自意識を補強する笑いではない。むしろそれは性欲旺盛な笑いであり、鏡に映った自分の笑う姿が、わたしたちの四肢や腹部をゆり動かし、肉欲に溺れさせる。

わたしたちの内にある、品行方正で自律的な個人なるものを、中断させ、解体する笑いは、新たなたぐいの存在をおぼろげながらも知っており、それをわたしたちのもとに呼び起こす。今後はそうした存在がどのようになるのかという問いがつきまとう。燦然と輝いて人の心を捕らえるチャップマン兄弟の芸術は、わたしたちがもっとも惹きつけられる物質的対象であり、もっとも嫌悪感を抱く物質的存在をめぐって、好色な熟考を掻き立てるのだ。

20　栄光におぼれる

暴力に分別などない、とわたしたちは言う。ところが暴力とは、知りたいという強い欲求であると同時に、知ることの喜びでもある。人間に向けられた暴力は、人が自分を隠し偽るためにまとった衣を切り裂き、あいまいな言葉でしらばくれるような会話を断ち切り、見せかけや偽善を暴き、真の衝動や感情を露わにさせる。暴力は、敵の強みや弱みを、彼や彼女の勇気や臆病を、喜びや恐れを明るみにだすのだ。

敵や侵入者のことを知りたいという、暴力のもつ抑えがたい渇望以上に、死を知りたいという強い渇望がある。わたしたちを魅了するのは他人の死ばかりではない。自分自身の死もわたしたちを魅了する。そして死によって力をたぎらせる暴力、死を喜ぶ暴力、死を誇りとする暴力を発動させる。

空虚と栄光

生きているという原初的な感覚は、溢れ出るばかりの力がみなぎる生命体のもつ爽快な感覚である。わたしたちの生のもつこうしたポジティブな感覚がはじめに存在し、ネガティブな必要の感覚、つまり生命体のなかで定期的に開く欠乏感が存在するようになる。わたしたちが成長とともに抱く、自分の過剰なエネルギーを無償の行為のなかで解放したいという衝動の結果、これらのおびただしい欠乏が開く。また、わたしたちの生のポジティブな感覚がまずは存在し、人生に対して時おり抱くような、ネガティブな恐れの感情を持つようになるのである。

自分たちの力で行動する欲求、自分自身でいるという欲求は、わたしたちのなかにある溢れんばかりの力に対するポジティブな感覚から生じる。わたしたちは己のもつ力に逆らい、それを制限しようという反目した存在である。こうした制限を受け入れようとする意志も生じれば、そうした制限を排したいという意志もまた生じる。大きな権力をもち、その存在や力が自分たちの自由をおびやかしていると目される人々に対しては、あのような者などいなければよい、まったく別の何かであって欲しいという嫌悪を抱くものである。毎日、地球のいたるところで、支配的な立場にある人、従属的な立場にありながら権威に抵抗する人、横暴な親、厄介ものの子どもに対して、数え切れぬほどの暴力行為がおこなわれている。ほかの種にとって脅威となる動物、たとえば荒野のクマ、大海原のサメ、大空のワシにも、ふるわれる暴力行為は枚挙にいとまがない。建物、橋、大きな岩といった無生物も、主権国家が目ざわりだと考えて、憎しみをもって破壊してしまうことがある。一九五〇年、ひとりの若い禅僧が京都の金閣寺に火を放った。三島由紀夫は『金閣寺』[1]のなかで、一四世紀に建立されて日本でもっとも完璧な建造物とたたえられた寺が、いかにして男の虚無主義的な憎しみを駆り立てたのかを理解しようとした。暴力は、抵抗や限界を知らない自由の至高性や、宇宙の虚空にある孤高の星の存在を予言しているのだ。

憎しみは憎しみを生む。敵がわたしのなかに、かれらなど存在しなければよい、かれらを全滅させよう、という願望があるのを認めると、敵もまたおまえなど存在しなければよい、まったくだ、という目を向けてくる。誰かの目の中に憎しみを認めるとき、わたしは抹殺というみずからの死をそこに見る[2]。

暴力的な者に他の者たちが望む無は、当の人物にとって、みずからの自由を制限する究極的なものと映り、彼がすでに克服したその他すべての制限を取るに足らないもののように思わせる。主権をみずからのものにしたいという欲求は、死の淵に直面しながらも、いまや自らの存在をその存在に立脚して、確固たるものとするよう導く。彼は死の力を彼自身の力に変えようとする。

人間社会の最古の形態は狩猟採集民の群れだった。今日、狩猟採集民の社会は個人主義的である。そこには主君も臣民もない。小さな群れは他の群れを避け、ほかの者がすでに狩りを終え、食料を採集した土地には入らない。時折、おのおのの群れの道筋が交差し、戦うこともある。放浪の身である遊牧の狩猟民と採集民との戦いの目的は、土地を占領してそこを守ることでもなければ、戦利品や女性を奪うことですらない。そうした戦いは、群れの自治とその特異性を守るはたらきをする、と人類学者のピエール・クラストルはいう(3)。

ところがこうした社会の多くでは、「プロの」戦士たち、つまり常時、戦に専念する男たちの集団というものが生まれたのであった。クラストルは、ムバヤ＝グアイクルのこうした戦士集団を調査した。そして、ヤノマミ族、イロコイ族、アパッチ族、ヒューロン族、アルゴンキン族、シャイアン族、スー族の調査も研究した。ニューギニア高地のパプア人や、フィリピン諸島のルソン島のイフガオ族の戦士集団についても入念な研究がおこなわれた。西欧の研究者によれば、戦の引き金となったのは往々にして些細な侮辱的言動である。また戦に勝利しても、それは恩恵をもたらさなかった。というのは負けた側は、戦を再開して報復する機会を今か今かと待ち構えていたからである。近隣間の戦、血縁関係さえある氏族や部族間の戦、つまり内戦と呼びうるようなものが、時には何世代も続き、双方がその人口を大幅に減少させる結果となることもあった。

敵の望む死を敢えて求め、対峙しようと出向く行為は、みずからの諸力を集結させ、誰かを動かし、操作し、もしくは破壊しようする、実用本位の行為とは異なる類のものだ。ここでは戦士は殺されてしまうかもしれない。自分に課せられた物質的な目的を果たすことなく。あるいは、彼の戦友にとっても、暴力行為はいずれもただちに暴力的な反応を呼び起こすため、命取りの待ち伏せ攻撃や奇襲の終わりなき連鎖となりうるものを招きかねないのだ。みずからの持てるものすべてを、またその存在そのものを賭す行為である、死へ赴き対峙することこそ、戦士をとらえる歓喜であり、それじたいが目的となる快楽なのだ。

戦士集団は、それが生まれた「原始的な」社会のように個人主義的である。そこには最高司令官や指揮官への従属関係もない。じつに、かれらはもっと個人主義的である。なぜならおのおのの戦士は、無の瀬戸際でみずからの力を確かめることを誇りにするからだ。ムバヤ＝グアイクルにおいては、戦士が奇襲や戦から持ちかえるのは敵の頭皮だけだった。誇り。しっかりと立ち、命をおびやかす敵の暴力に耐える男たちの誇りこそ、かれらの戦の動機であり、それを終わりなきものにする。決断と勇気のなかで、戦士はみずからのもつ肉体的および人徳的な力と、死のまえに置かれたみずからのアイデンティティを誇りにする。(4)

敵が自分にもたらそうとする死を前に、持てる力のすべてをもって立つ者は、敵の憎悪や武力に屈服するかもしれない。そうなると彼の毅然とした態度は、一時の抵抗、奈落を前に自力で踏みとどまる自分を誇りに思う、はかない栄光である。その目に映る偉業は、圧倒的な力で負かされた敵を前にして、かき消される。

彼が生き残ったならば、彼の断固とした態度と栄光は彼のものである。ところが、退却するか後衛でのみ戦うことになれば、彼の恍惚状態はしりぞき、その偉業を台無しにしてしまう。勇気と威光を保つには、みずからふたたび先に進み出て、もう一度持てる力をふりしぼって、自分を抹殺しようとする者たちと対峙しなければならない。そのもっとも究極的な行為が、戦士が単独で敵全員の武力に立ち向かい、敵陣を襲うことである。そこでの彼の望みはただひとつ、自分がただ一人でそこにいることで、言葉をうしなうくらい相手を驚かせることだ(5)。

敵が自分にもたらそうとする死を前にした、まばゆいばかりの凶暴性の威光は、第一に戦士そのひとのために存在する。かれの豪胆と誉れは、戦士集団の仲間のためでもある。ほかの戦士たちは、彼がたったひとりで、敵たちが彼に望んだ死へと立ち向かっていく勇気を褒め称える。というのは、かれらはそこに自分たちの運命を見るからだ。戦士たちのひとりひとりが、前線にいる戦士の勇気を目の当たりにしながら、彼が倒れようものなら（あるいは後衛に退けば）、その位置を奪取しようと前進する。

「原始的な」、つまり個人主義的で、階層秩序を拒絶する社会は、戦士たちの兄弟愛を尊んだ。兄弟愛は社会を支配せずに、戦士たちを保護し、かれらの英雄的な行為を詳しく伝える祝賀や祭りで、かれらを讃えた。すると、階層的に構造化された国家が形成されるにつれ、国家は戦士集団をその活動のために兵籍に入れた(6)。古代エジプトのヒクソス、ローマ帝国の蛮族、プロイセンのドイツ騎士団、オスマン帝国のイェニチェリ、幕府の侍、フランス帝政の外人部隊、今日の国民国家の特殊部隊がそうだ。国家は、はなはだ不当で、欺きに満ちた、勝者なき大義のために命を捨てる覚悟で闘う意志のある何万人もの若者を見いだした。徴集兵を突き動かすのは、自分たちの属する社会を守ることやそれを拡大しようという要請である。傭兵の目当ては報酬であり、戦利品や女性だ。戦士は、個人の主権の究極的な限界、つまり死に直面し、血を流しつつも不屈の姿勢で立つことの威光に取り憑かれている。ところが戦士の威光を求めるかれらの渇望は、国家に奉仕し、戦士以外の者たちに仕えることとなる。戦のためにみずから命をさしだす戦士の意思は、定住型の社会の安全や、領土拡大をもくろむ国家の野心に仕えるものと見なされてしまう。

腐敗と栄光

わたしたちは脆弱で、死すべき運命にあると知ることは、わたしたちを脅かす危険をみとめるときに、不安と恐れに身震いすることだけにとどまらない。それは苦しむことでもある。苦しみの経験とは、尽き果ててしまうこと、来たるべき死の予感ではない。能動的な力が受動性へ、また物質性へと減じていくことを耐え忍ぶことである。肉体的な痛みのなかにあるとき、わたしたちは自分の身体という物質から顔をそむけることも、逃げることもできない。わたしたちは自分自身から抜け出せなくなる。そしてしだいに身の回りのものの抵抗に対して、みずからの力を集中させることができなくなる。自発性を発揮することが難しくなり、内なる受動性が重たくのしかかる。計画し、予期し、過去の力を頼りにすること、またそんな力の存在を想い起こすことさえできなくなる。わたしたちは、自分たちが受動性の極限である死へと沈んでいくように感じる。もはや耐えることができない受動性へと。それは耐え忍ぶという能力を蝕んでいく。

苦しみはわたしたちを老いさせ、老いることは苦しみである。老いを実感することは、自分たちがすでに為したことがすべて、しだいに重みを増していくのを感じることであり、何年もかけてイニシアチブをとったことのすべてが、その慣性とともに自分たちの上にのしかかってくるのを感じることだ。鏡を覗き込むと、身体には皺が寄り、たるみ、死後硬直する前にもうこわばり始めている。

わたしたちは屍体のうちに、暴力が襲った有機体を見てとる。その外側から、あるいは内側から、バクテリアやウイルス、腫瘍が、身体の恒常性を妨げ、臓器や細胞を破壊する毒素をまきちらす。そして、暴力がなおも、屍体を内側から蝕み、突発し、広がり、汚し、それが触れたものをすべて腐敗させ、血液と胆汁で地面を汚し、悪臭を放つ気体で空気を汚染するさまを見る。身体から発散される悪臭や、膣から生じる液体、精液、分泌される粘液、排泄物は、わたしたちが日々腐敗していることの証である。傷口から流れる血だけではなく、月経の血液とともに、それらのものは、自身の身体が屍体になりつつあることを示している。それらは汚物である――汚物がまず意味するところのものなのだ。汚物は粘り気があり、拡散し、汚染し、腐敗させ、危険である。地震や洪水、戦闘のあと、生き残った者たちにとって何よりも危険なものは、埋葬あるいは火葬されていない屍体に他ならない。わたしたちは屍体に死を見る。それも瞬間的な消滅としての死ではない、解体し、腐敗し、汚染していく自然の暴力としての死を。

屍体は恐怖を抱かせると同時にわたしたちを惹きつけもする。こうした死の装いが、わたしたちを魅了するのだ。暴力の衝動は、屍体の姿によって掻き立てられ、屍体からさらなる力を得て、屍体に狂喜する。流血によってまずもたらされるものは、さらなる流血をという強い欲望である。人類学者は、多くの社会において、共同体で誰かが亡くなったときはきまって、その共同体もしくは近隣の共同体で妖術をおこなう者、または別の共同体の誰かを誰でもよいから殺そうという、積極的な動機を生むことを知っている。今日では、妖術を信じなくとも、屍体の姿はあらたな屍体を生む暴力の引き金となる。たとえば、痴情のもつれによる殺人、復讐のための殺人、暴力団の抗争、暴動、飽くことなく繰り返される戦争、捕虜への拷問、死刑などを考えてみればよい。

この種の暴力の目的は、誰かを抹消することではなく、冒涜し、汚し、貶めることだ。おびただしい数の暴力行為は、被害者の身体が引き裂かれてずたずたになったところを目にすることが目的なのだ。そこでは被害者の意図や意志といったものは失われ、せいぜい彼の身体からの流血のさなかに起こる痙攣に過ぎないものとなる。ここで暴力へと駆り立てるものは、ひとりの人間の強靭さや力ではなく、むしろ他者の弱さなのだ。そして暴力は、屍体の姿や、生きた身体のなかに屍体を予見することによって、さらに激しさを増していく。

屍体のもつ魅力は、暴力がなおもそこで効力を発揮していることであり、そうした暴力のもつ情け容赦のない力が屍体をこえて拡散し、汚染し、腐敗させることだ。暴力的な者は、自身の周りにいる自由で主権を有する主体はみな、いずれは屍体になるという運命を逃れがたいという事実に自然のもつ至高の力を見出す(7)。彼は自然の暴力を引き受け、それを自分の力のように行使しようとする。ところが彼女は、みずからが自然を力で支配する君主となるのではなく、自然の内にある力、自然の力、感染症、疫病になろうとするのだ。「あたしが眠っている時ですら、何らかの混乱の原因でない時は一瞬もなく、この混乱が全人類の堕落と歴然たる錯乱を惹き起こすまでに拡がり、あたしが死んで活動をしなくなった後も、ずっとその効果が消えずに残っているような、そんなおそろしい、永遠の効力をおよぼす罪悪を発見したいと思っているのよ」。サドの作品に登場する女教師クレアウィルはこう言う(8)。彼女の望みは、宇宙の虚空にある孤高の星という威光を勝ち取ることではなく、自然の至高性という秘められた威光を手にすることなのだ。

連日、新聞が報じるのは、自分たちにとって目障りな人々を抹殺するばかりか、立場の弱い人々をとらえて拷問にかける者たちのことである。拷問を加えること、つまり死にそうになるまで犠牲者を殴打すること、電気ショック、身体や精神に与える苦痛をぎりぎりまで長引かせ、自分たちが屍体になりつつあることを捕虜に感じさせて、溺死させることは、すべての悪事をいっそうおぞましいものにする。

国家が収容施設に拷問者を配備する際、拷問をもちいるのは捕虜から情報を得るためだけだとして、拷問を正当化する。捕虜が拷問から逃れたい一心で口を開くとき、そのひとは拷問者が聞きたがりそうなことや、拷問者が信じそうなことなら何でも言おうとすることを、国家の諜報班はよく知っている。拷問者は、捕虜の服を剥ぎ取り、床のうえを引きずり、ゆがんだ姿勢のまま鎖で縛り、糞尿まみれにし、警棒を尻の穴にねじ込み、もしくは、剥き出しの肛門に剥き出しのペニスが覆いかぶさるように捕虜たちを重ね合わせる。その目的は情報提供ではない。告白を強要するためである。つまり捕虜たちに、自分たちはクズで、ばらばらの腐りかけた肉体でしかないと言わせることであり、ジャンク音楽を浴びせられて破壊された頭には真実を判断することなど不可能で、自分たちの信じていることは妄想にすぎないと言わせることなのだ。

拷問者は、捕虜の身体に負わせた殴打や切り傷によって、捕虜の流した糞尿によって、拷問部屋の壁や床に散った血液や体液によって、汚れている。拷問者はみずからの身体のうちに、他者の身体を傷つける可能性のものを、肉体に苦しみを与えるものを見いだす。拷問者は、腕や脚が折れ、臓器が引き裂かれ、性器が拷問の道具に変化する境目を承知している。拷問者が犠牲者および自分自身に発する言葉はいずれも虚偽と欺きでしかなく、彼女が政府の戦略家に伝える情報も拷問を受けた捕虜のでっち上げであり、拷問者がみずからの信念や仕事と公言するものは、作り話でありまやかしなのだ。

拷問者は自分自身の周囲に見出すのは、敵の消滅によって生じた空白ではなく、裸にされ、切り裂かれ、手足を切断され、燃やされた身体である。拷問者のいやらしい目つきや笑いは、屍体に対する嫌悪感を克服し、その不潔で、汚れた力を自分のものとして悦に浸る。

道徳観の栄光

屍体や虐殺、拷問を見世物にする光景は、別種の暴力を生じさせる。占領軍の司令本部や国家の市民の中には、国家の名の下で、国家の許可を得て活動する拷問者の存在を知っており、拷問の犠牲者の、引き裂かれて、切断され、ばらばらになった身体を嫌悪感と恐怖心とともに見つめている者たちもいる。こうした嫌悪感と恐怖のさなかに、かれらは道徳観が自分の深い部分から湧き上がってくるのを感じる。ほかの市民たちを見回しても、かれらのうちに同じ恐怖心と嫌悪感が存在し、根幹にある道徳観を見てとることができる。かれらはこの道徳的な良識を、文明化された人間の誇り、つまり集団の名誉と考える。集団のもつ道徳観は、国家という、合法的な暴力の独占権を主張する装置(9)を、敵に暴力を浴びせる戦争機械に変える動機となりうる。今日の戦争はいずれも以前よりもさらに残酷さを増している。ところが、わたしたちの根幹にある道徳観は、わたしたちが、自由、正義、平和という超越した栄誉《スプレンダー》によって動機づけられていると見せかけるのだ。

支配階級や優勢な民族が他の民族や性的マイノリティを構造的に抑圧することを正当化する行為を防ぎ、抑えるのは倫理的理由や宗教的理由以上に、特定の行為への嫌悪感にこそ他ならない。個人や集団が抱く共通の根本的道徳観は、かれらが警察による弾圧や、武力による社会不安の鎮圧、戦争への加担を可能にする。そして社会学者のいう構造的な暴力――大衆を貧困、不衛生な生活環境、栄養失調や疾病へと追いこむ経済や政治の構造――に加担することを可能にする。

21 戦争の芸術

戦争は太古から芸術の主題であった。マハーバーラタ、イーリアス、ヘブライ語聖書のような叙事詩や、アンコール・ワット、チチェン・イッツァ、サンティアゴ・デ・コンポステーラ大聖堂、勝利の教会として献堂されたクスコ大聖堂といった記念碑的な建築物に、戦争は描かれてきた。戦争を主題とする芸術は、覇者を崇高な存在として描き、その命運に名もなき人々の生を吸収・同化させた。そして、敗北した軍や虐殺された人々の血を、勝利した武将のまわりにきらめく黄金色の輝きとして描いたのだった。

ハイ・アートは、戦況が悪化すると、戦争の大量殺戮を正当化するようはたらき、こうした死は聖なる主の上の神聖な秩序によってあがなわれるものとして描いた。戦に倒れた者たちはヴァルハラ神殿に迎え入れられ、殉教者はすみやかに神の腕に抱かれ、十字軍の戦死者は人間の救いのために命を捨てたキリスト教の神の御子になぞられて描かれたのだった。フランス革命後、こうした神の役割を担ったのは国家であった。戦争で命を落とした者の血潮は国中に脈打ち、不滅と栄光のうちに生き続ける。

フランシスコ・デ・ゴヤの八三のエッチングからなる連作、「戦争の惨禍」は、現代アートの傑作の第一号といえる。この作品は一八〇八年に完成したが、ナポレオンのスペイン占領終結から四九年後の一八六三年にはじめて公開された。数々のエッチングには、進退きわまって武器を取り上げられた挙句、性器を切り取られ、手足を切断された人々、衰弱あるいは老齢のために戦うことも逃げることもできず虐殺された人々、手足を切断されて、無差別に殺された多くの子どもたちが克明に描かれている。この戦争の大義——ナポレオン軍が、旧体制下のスペインの無知や迷信、地元の人間たちとその忠臣の抵抗、伝統と価値観のなかを、啓蒙思想の到来をかかげて進むこと——は、絵のどこにも見あたらない。兵士、農民、女、子どもは、狂犬病にかかった犬のように互いを傷つけあっている。ゴヤが描くのは、ばらばらになった屍体にハエが群がり、暗雲の垂れこめる下でハゲワシがそれをついばむようすである。そこには上から見守り、憐れみ、おびただしい苦悶と死をあがなう神は存在しない。

戦場や戦争を主題とする古典芸術は、壮観たる大量殺戮の光景のなかに、またはそれをとおして超越的な善の領域を描いた。こうした芸術が想起させるのは、勝利者たるアレキサンダー大王、コンスタンティスヌ大帝やフェリペ二世といった、勇者の苦しみや死を飲みこみ、みずからの威光をもって勇者をあがなう者たち、あるいは戦争で命を落とした者を憐れみ、讃え、あがなう、超越的な神である。ところがゴヤの手になると、栄光に輝くナポレオンや、燦然《さんぜん》たるスペインの王はその姿を消した。神の姿もない。かれらの場所には鑑賞者が代わりに立ち、不安と嫌悪のなかで、みずからの奥底から、根本的な道徳的直感、つまりは内なる善の領域が生じるのを感じる。こうして、とどまるところを知らない無益な殺戮を描いた「戦争の惨禍」は、ゴヤの死から三五年間の日の目を見ない時を経て、古典芸術に取って代わるまでの高みに至り、今日のヒューマニズムの芸術の、偉大で欠くことのできない先駆けとなったのである。それから二度、世界のほとんどは戦争に関わった。民主主義のために世界を守る戦争、すべての戦争を終結させるための戦争に。

ルイ＝フェルディナン・セリーヌは、『夜の果てへの旅』のなかで第一次世界大戦を描いた。彼には〔人間を〕憐れみ、罪から救う天の神のしるしなど見えなかった。彼が見たものは、啓蒙主義の価値観やスローガンにはびこるきなくさい偽善と、戦う価値のあるものとして、またそのために死ぬ価値のあるものとして提示された、国家なるものの空虚さだった。屠殺場そのものとなった国家、惨殺され八つ裂きになった人々の血で国土を染めようとする政府。戦争を指揮した者ではなく、第二次世界大戦や朝鮮戦争、ベトナム戦争に従軍した者によって書かれた戦争文学は、各国首脳や従軍牧師、プロパガンダ映画の製作者が戦争に投影させた栄光をことごとく剥ぎ取った。兵士たちが残した回想録には、平凡で善良な青年がしだいに堕落した乱行に身をやつすようになるさまが記されていた。

このことからヒューマニズムの芸術は人間の一連の行動に対してはたらきかける力がないと考えるべきだろうか。あるいは、こうした芸術が引き起こすヒューマニズムの感傷、つまりわたしたちの根本にある道徳観が、今日の戦争産業にじつは仕えるはたらきをしているのではないかと考えるべきだろうか。

ジェイク・アンド・ディノス・チャップマンは、戦争のおぞましさが卓越した芸術的完成度で描かれているゴヤの一連のエッチングに、彼が内に秘めた歓びが見えかくれするという。二〇〇〇年、チャップマン兄弟はゴヤのエッチングの連作を五万ポンドで購入し、歯を見せて笑う道化師や子犬の顔を、ゴヤの描いた悲痛な表情を浮かべて打ちひしがれた人々の顔の上に描いた。この野蛮な時代にあって、紛うことなくヒューマニストと呼ばれる芸術である、ゴヤの作品の神聖をおかすことによって、チャップマン兄弟は、人々が抱くみずからの根本にある道徳的直感への確信こそが、国家やその内部でおこなわれる軍事技術の弁証法を明晰に分析することを妨げていると訴えるのである。

V　輝き

22　死の顔

その頭部の大きさは、生身の人間の三倍ほどの大きさだろう。素材は灰色の砂岩である。以前は研磨されていてなめらかだったのかもしれないが、今やその表面は、自然界にあるようなざらざらとしたものに戻っていた。頭はうつむき加減で、瞼を閉じ、平静を保った顔は、おだやかなものを発している。分厚く肉感的な唇は、至福と慈悲に満ちた微笑みを浮かべている。造作の輪郭はぼやけているが、以前はくっきりとしていたのかもしれない。石のなかに凝縮された物質に、人はただ顔を夢見るに過ぎないのだ。わたしはじわじわとそれが死の顔であると悟りはじめた。

しだいにこんな考えが浮かんでくる。この像を目に思い浮かべながら死を迎えたい、と。この一二世紀につくられたクメール彫刻の像を。わたしは自分の考えに驚いていた。それまで自分がどのように死を迎えるかなど考えたことがなかったのだ。

一九七九年、ベトナムのカンボジア占領は既成事実であると世界にしめすため、政府はプノンペンとアンコール遺跡を団体旅行客に開放すると発表した。わたしのアメリカ国籍のパスポートでは、ベトナムやカンボジアへの入国許可が下りなかったが、オーストラリアのツアーを探し出しそれに参加することができた。わたしたちは一〇人のグループだった。ベトナムで一二日間、カンボジアで二日間過ごした。プノンペンでの初日は、トゥールスレン虐殺犯罪博物館を訪ねた。そこはかつて学校の校舎で、クメール・ルージュ警察が拘留所として使用したところである。わたしたちは、一万二〇〇〇人もの人々が拷問されて殺害された、がらんとした部屋をいくつも見てまわった。廊下の壁には収容者たちの写真がところ狭しと貼られている。それらの写真は、収容者たちがここに連行された直後——身体にはあざや虐待のあとが多く見られた——と、処刑後に撮影されたものだった。そして今では誰のものかもわからない、頭蓋骨やさまざまな骨を一緒くたにしたものがうず高く積まれた部屋もいくつか見た。

午後はプノンペンの博物館を訪れた。かつてクメール・ルージュの権力者が閉鎖したところである。石でつくられた頭部を見たのはその博物館だった。手書きの標示には、慈悲の聖観音菩薩として表されたジャヤーヴァルマン七世、とある。グループの他の人々は、ガイドと一緒に博物館のなかをめぐり歩き、座ってお茶でも飲もうと小さな簡易食堂へ行ってしまったが、わたしはそこに残って頭部を見つめていた。

二日目は、シェリムアップに飛んでアンコール遺跡を訪ねた。およそ紀元八〇二年に創設されたアンコールは、もっとも偉大な水の王国の首都だった。王国の水稲栽培は、広大かつすみずみまで整備された運河と閘門《こうもん》、神格化された王を頂点とする階層的な政治システムを生みだした。大アンコールは、産業化以前の都市居住区としては世界最大となり、その規模は一一五〇平方マイルにまで拡大した。(1)

ジャヤーヴァルマン七世（在位：一一八一年〜一二一八年頃）は、クメール王朝のもっとも偉大な王のひとりであると歴史学者たちはいう。彼はクメール王国の領土を最大にし、東はベトナム、北はラオスとミャンマー、南はマレー半島にまで及んだ。アンコール寺院の長いフリーズに描かれるのは、征服者の戦争、かれらが打ち負かした軍隊におこなった大虐殺、捕虜に対する拷問のようすである。ジャヤーヴァルマン七世の治世に建立された寺院にも、こうしたフリーズがみられる。ところがそんな場所に彼を聖観音菩薩としてあらわした彫像があるのだ。バイヨン寺院にある、四方を向いた二〇〇の巨大な顔面は、慈悲の聖観音菩薩をあらわしていると多くの学者たちは考える。ジャヤーヴァルマン七世の臣民と、今日のカンボジアの人々は、彼をクメール王朝でもっとも偉大な王と崇敬する。

ジャヤーヴァルマン七世は、アンコールのタ・プローム寺院、プリヤ・カーン寺院、バイヨン寺院、ニャック・ポアン寺院の建立を命じ、それを監督した。彼はまた一〇二の病院と一二一の宿駅を国中に建設することを命じた。アンコールには次のような碑文が残されている。「彼は自分の病より、臣民の病を耐え忍んだ」。王はさらに芸術家を養成する学校をすべての都市や町に設置するよう命じた。彼の治世に建立された寺院や彫られた彫刻は、他にはみられない様式的な特徴を発展させ、美術史家たちは彼の死後につくられた作品に、ゆるやかな衰退をみとめる。今日カンボジアの古典舞踊として知られているものは、王の治世に苦心して作られて体系化されたものである。

これが中国の外交官の周達観が年代記に記したらい病の王なのだろうか。バイヨン寺院内部の回廊にある、浅浮き彫りに描かれるのは、臣民が見守るなか巨大な蛇と組み打ちをする王の姿だ。巨大な蛇はらい病の象徴だろう。別の場面では数人の者が王の両手を調べており、もうひとつの場面で王は病床に伏している。これが偉大なる戦の征服者だったのか。菩薩として、手足の指を失って顔中の水疱がただれて壊死したらい病の患者として、またインドシナのもっとも洗練された舞踊を考案した振付家として描かれたこの人物が。

ダニエルという学生が、大学のパフォーマンス研究の学部が開催する夕べを教えてくれた。時間を間違えたためにわたしは予定の一時間前に着いてしまった。その日はカトリックの暦の諸聖人の日で、二棟の建物を連結する長い廊下の空間には調度品が置かれ、メキシコの死者の日を思わせた。祭壇は民芸品の聖人で飾り付けられ、メキシコで見かけるような、頭蓋骨をかたどったクッキーを供えるお盆まであった。やがて人々が集まり、パフォーマンスが始まった。ずっと向こうに白砂の山がある。それはついさっきわたしがあやうく踏みかけたものだった。部屋の明かりが落ち、ひとりの助手が、水をたたえたガラスの器に水滴を落とし始めた。しずくの落ちる音が増幅する。器の底を照らす光によって、波紋が遠くの壁に輝く円として映し出される。これが非常に長いあいだ淡々と続き、わたしたちは時間感覚そのものに沈潜していった。終わりなき時間。死の時間へと。すると、白砂の山が動くのが見えた。男がむっくりと起き上がる。わたしはそれがダニエルだとわかった。彼はとてもほっそりしていて、裸だった。体毛についた砂粒で身体がきらきらと輝いていた。そして頭はミイラのように布に包まれていた。ダニエルはゆっくりと全身を起こして立ち上がった。そして、砂山のまわりを大きな円を描きながらしばらく周り、スクリーンの背後に姿を消した。かれは死者だった。わたしたちが、恐怖ではなく畏敬の念をもって、非人格的で奇しくも至福に満ちた畏敬を経験したことは、死を迎えようとする時間なのであった。

23　ダンスが現れるとき

手は胴を離れて、ものに触れようとする。しっかりと掴み、握りしめ、押したり引いたりする。道具は固体で、環境と分離し、操作される。手はみずからを、掴んだり引いたりするための道具に変える。手は突き、探り、げんこつで叩き、殴りつける。落下させ、放り投げる。腕はものを持ち上げ、投げ飛ばす。腕はものを発射体に変え、それじたいが発射された弾丸のような軌跡を描く。脚は胴体の軸の方向を定め、伸ばされた手を導く。脚は手にやどる略奪者の本能を知っているのだ。

手は最初の容器である。土でできた器というのは、お椀のように丸めた手が手から自由になったものなのだ。手によって手から放たれたものが、ほかの手へと渡される。そうして儀礼が始まる。[1]

手は輪郭やくぼみをなぞり、毛皮やきのこを撫で、歯茎をこすり、鳥肌が立った皮膚をさすり、水を撒き、たらいや湖の水を波立たせる。手は見破り、発見し、つぶさに見つめる。手は驚き、じっくりと考え、比較検討する。手は感覚をつかさどる器官だ。足は持ち上がり、脚は曲がる。足や脚は、物のかたちをなぞったり、柔らかいものをなでるときの手の優しさを知っている。

足は岩や砂、ほかの足を感じる。つま先、足首、ひざ、大腿は、空間を感じとるための器官だ。足のなかでリズムが生まれ、そのリズムは小道や、公道を伝っていく。移動しつづける足は、道も目的地もない空間を見つける。足は大地に立ち、空に向かって舞い上がり、水中を静かに進む。

足は、手、胴体、舌が感じる青あざ、裂傷、やけどなどの危険を知っている。足は傾斜と落下、死と腐敗を知っている。

手は理解し、鋭い洞察力をもつ。手が固体に触れるのは、虚空を探ろうとするからだ。

手は難民キャンプにいる飢えた子どもに差し伸べられる。手は嵐で巣から落ちた、羽根が生えたばかりのひな鳥にそっと開かれる。今にも死にそうな人をなでる手は、どんな知識も伝えない。苦痛をとりのぞくことも、希望を差し出すこともない。それはただ死の床にいる誰かのかたわらで、その人とともに苦しみ、ともに死ぬためにある。

＊＊＊

なにかを探索する、目的をもった動きは、生きとし生けるすべてのものの周期的でリズミカルな運動から生じる。海の魚も、サバンナの蝶やレイヨウも、空の鳥もダンスする。

ダンスは、なにかを探り当てようとする効率のよい動作から手を、狩猟や逃走から脚を解放する。ダンスが行われるのは、物の秩序と、物が存在しない空間である。身体は虚空に浮かんでいるのではない。光と、闇と、ぬくもりに満ちた空間のなかを動く。そして、はかり知れぬ大地の平静を背景に、立ち、折り曲げ、転がり、仰向けになり、ずっとどこまでも動いていく。

腹部には何かをなす筋肉はないが、それじたいがひとつにまとまっている。腹部は、血液、乳、胆汁、汚物がよどみなく脈打つ。剥き出しの腹部は心臓を隠しているわけではなく、そのすべてが心臓なのだ。

手は動く。目に見える結果や目的もなしに。手は上がり、もとの場所に戻り、組み、らせんを描く。手は虚空をさまよいながら、その運動は模様を描く。虚空は、拡大し、緊縮し、振動し包みこむ。

片手はもう片方の手のまわりを、相手の両手の周りを旋回する。手はじらし、ほかの者の手のなか、わき腹、腹、胸、くちびるのなかで喜びや苦痛の渦を燃え上がらせる。腕は向きを変え、漂い、上向きに浮く。脚は、心臓のぬくもり、鼓動、主張を伝える。

ダンスは、道具や武器、取るべき道筋から身体を解放し、ダンスを献じた禁忌と凶暴な動物の存在しない空間へと送りこむ。

人類がまだ狩猟採集民であったとき、人は家族や小さな群れごとに、ばらばらに暮らしていた。ほかの生物種と同じように、人類も自分たちを支え育む生態系のなかで進化していった。古人類学者のマーシャル・サーリンズは、石器時代の人間が労働、たとえば食料を採集する、狩りに行く、食事をつくる、雨風をしのぐ住処をつくるために費やした時間は、一日に多くて三、四時間であったと算出した。(2) 人々はたっぷりとあった余暇の時間に、今日の狩猟採集民の社会でもそうだが、昼寝をし、いたずらを仕掛け、議論し、川で水浴びし、あらゆる性戯に従事したのである。またかれらは歌い、太鼓を叩き、踊った。歌や踊りは、意図的な行為ではなく、リズミカルな発声や動きそのものが続いていき、互いを励まし、伝達しあうことによって反復や変化を生じさせるものだ。個人間の相違や敵意のあるイニシアチブは解消する。近隣の家族や、通りすがりの他の集団からも人々が集まり、音楽とダンスに興じて幾晩も過ごす。リズミカルで旋律的な動きは、特殊な快楽、非個人的で強烈なエネルギー、人類共通の官能的な経験を生む。人間の社会は、はじめは恐れではなく、ともに味わう歓びのために集まったものなのだ。

ソニアは三五歳のドミニカ共和国出身の黒人女性である。彼女と会ったのは、ある晩、シカゴの大学院生の集まりだった。美しい容姿の、女らしい柔らかな声をした彼女は、成熟した女性の身体をしている。彼女はその場にいた唯一の女性で、頭髪を剃っていた。美術作品をいくつか制作していて、哲学の講義を聴講していた。作品は箱形のミニチュア劇場で、その中にファウンドオブジェクトを展示していた。ソニアは生活保護を受けて暮らしていた。わたしたちは住所を交換し、時おり手紙のやりとりをした。二年後、わたしはある人から、ソニアが乳がんの診断を受けて、死ぬかもしれないとおびえていると聞いた。彼女には病院の慈善施設のほかに頼るあてがないと知り、手紙を書いた。しかし返事はなかった。後日、彼女はフロリダの母親のもとに戻ったと聞いた。

ソニアを見たのはそれから三年後、シドニーで開かれた文化研究の学会だった。のちに彼女から聞いたところによれば、助成金を得てこちらに来ているということだった。学会の第一日目の正午、彼女はパフォーマンスをした。建物のエントランスホールで、博士号を取得して安定した職についた大学人が囲むなか、中央に裸で現れた彼女は、頭のてっぺんに白色の羽飾りをつけていた。短いラテン音楽に合わせて彼女は踊った。裸の彼女を見るのはショックだった。左胸には、変色した肉体が盛り上がり、乳首がなかった。太い、ねじくれた傷跡が、下腹部にまで達していた。彼女がのちにわたしに語ったことには、乳房を再建するために肉を摘出したのだという。わたしたちは、生活保護を受給し、適切な外科医の治療を受けるお金のない患者にほどこされた、ぶざまな仕事を目のあたりにしたのだった。彼女は、傷ついた自分の身体を、消すことのできない傷跡を、癌をわずらい死にゆく身体に心底感じた、何カ月にも及ぶ不安の結果を、そして手術と回復を経て損なわれた身体を目にすることの痛みを、そこに差し出した。

今や身体は癒され、瘢痕化し、彼女は未来にも、多くのものにも、関心を向けなかった。哲学が知性にうったえる魅力も、美術作品の制作にも、心を向けなくなった。あたかも、癌をわずらったことなどなかったかのように。現在にありながら過去にいた。そしてただの身体、胸を供物にして、再建手術を受けるために裸にされた身体になった。しかし今日、彼女は踊った。この身体は踊ることができた。そしてダンスのなかで、身体は変貌していった。

ソニアはわたしたちが立っていた場所からすこし離れたところで踊った。しかし、そうした距離を越えて、彼女の裸はわたしたちの身体と触れ合った。死すべき肉体に対する彼女の恐れが、わたしたちにも感染した。わたしたちは、毎日の着替えのなかに収めた自分たちの身体のもろさを、心の底から感じていた。死の陰がわたしたちのもとに迫った。同時に、彼女の裸は、勇気と決意を示していた。

ダンス。それはどこにもたどり着かない運動である。この完全な運動、まったき現在にあるこの運動は、彼女の身体を変貌させた。真っ裸の彼女は、完璧に美しかった。わたしたちをとりこにした美しさ、そしてわたしたちが互いを一瞥しあうなかで、わたしたちの身体にある美しさが——老いも若きも、太っているものも痩せているものも、筋肉質のものも弛んでいるものも——まばゆく輝いた。

24　集団パフォーマンス

人類の歴史をさかのぼり、地球を見わたすかぎり、儀礼、通過儀礼、式典、行列、舞踊は、たえずどこでもおこなわれてきた。人類学者のヴィクター・ターナーによれば、儀礼、通過儀礼、式典、行列、舞踏は、人間、作物、家畜や野生動物が多産になり数を増やすために、病を癒し、疫病を退けるため、略奪を成功させ、少年を男にまた少女を女にし、平民のなかから首長を立たせ、一般の人々をシャーマンや女シャーマンにし、出陣から帰還した「熱い」者たちを「冷やす」ためであり、季節がしかるべく移り変わり、人々が狩猟や農業で応答するためにおこなわれるという[1]。これらの行為は獣的で宇宙的な洞察ともなり、秘した衝動や残忍性がぞっとするような形で、禁忌の場所や時間のうちに解き放たれて、露わになることがしばしばある。それらの行為が祈り求めたのは、敵の首長たちが疫病に罹り災難に遭うことであり、その子どもや家畜に呪いがかかることであった。

集団的なパフォーマンスは娯楽でもあった。バリの影絵芝居や、アフリカの儀礼、新入会者に非常に厳しいパプアの通過儀礼では、人々がその滑稽さを思い思いに笑い飛ばす。派手な衣装に身を固めた村の無骨者が、大げさな演説をとうとうと述べるのを笑いながら見る。そして世間話をしつつ豪勢な食事に舌鼓をうつのだ。

とはいえ、これらのパフォーマンスにはどのような効果があったのか。科学主義の人類学者は、人間や作物、動物の繁殖をうながし、疫病を回避し、季節をしかるべく変化させるという、これらのパフォーマンスの効能には取り合おうとしなかった。例えばクロード・レヴィ＝ストロースは、神話を研究したところで、世界の秩序や実在の本質について学べることは何もないと断言していた。(2) ロマン主義以降、人類学者たちは、共同体とその階層組織《ヒエラルキー》を統合し強化する、神話や儀礼の機能に注目してきたのだった。ところが、神話や儀礼は、異端者や、離脱した一派、奇人、あざける者、いかさま師、そして暴利をむさぼる者たちをも危険にさらすのである。精神分析に通じる人類学者は、宗教や儀礼がいかに、安定した理解可能な強制力のある世界を求める個人の認識的および情動的な欲求を満たしているかを示そうとした。たしかにレヴィ＝ストロースも、シャーマニズム的な治療の儀礼が時にあるいはしばしば本当に癒す力をもつことを認めており、神話的な世界観を剥ぎ取った、儀礼の基本的な手法がいかに科学的な精神分析に使われているのかを示した。ところが個人に対して、安定的で理解可能な強制力のある社会や世界を提示する、文化的象徴やひな型や模範は、個人間の衝突やその周囲の人々との衝突を生じさせるものでもある。文化的象徴、ひな型、模範は、個人の気質や衝動、野心とぶつかる。あるいは、ある特定の身体や形質遺伝をもつ個人を、本質的に差別のない生活、共同体と同化した生活から排除する。ニューギニア島のパプア人共同体の甲斐性なし、インド・アーリア人の武装強盗団や犯罪者のカースト、キリスト教社会における同性愛者《ラビッシュマン》がそうだ。クリフォード・ギアーツは、バリ島のランダとバロンの演者が、儀礼の経験のために演技のあとも永久に狂ってしまったと述べる(3)。そして人々は、集団の文化的なパフォーマンスの幻影や力に抵抗し、神秘性を排除し、それから身を守る。

集団的パフォーマンスは、主催者や参加者、傍観者の意図、あるいは歴史や政治、経済、イデオロギーの文脈を知るだけでは理解しがたい。文化的なパフォーマンスはそれじたい徐々にかたちを成し、場面や動きは互いに呼応しながら、独自の論理、式典や祝祭の論理にしたがって展開する。

解釈人類学は、儀礼、式典、舞踊、集団的パフォーマンス、文化体系一般を、意味をもった、人間の思考や感情、行為に意味を与えるべく機能する象徴的な複合体と考える。マックス・ウェーバーは、人生に意味を付与することは、人間存在の主要な目的かつ原初的な条件であると述べた(4)。公共の象徴的行為の真髄は、それが意思疎通の手段であるということだ。演者と聴衆は共通の言語、つまり象徴的言語を分かち合う。大雑把に言えばこれがわたしたちのいう文化だとエドマンド・リーチは言う。「人々が同じ文化に属する場合、かれらはお互いに了解しあった、多様なコミュニケーションの体系を共有しているのだ(5)」。

たしかに、この意味での文化的象徴こそ、ギアーツが認めるように、はじめに思考を明確にあらわし、さらなる思考を生み出すのである。考えることとは、事物を見分け、それらを言葉やほかの文化的な象徴と結びつけることである。さらに憤慨、不当な思い、期待や計画の頓挫による落胆、羨望、嫉妬、勝利の喜びといった感情が湧き起こる——言葉と文化的な象徴がそれらを可能にする。わたしたちが何を笑い何に心を痛めるのかを決めるのは、言葉と文化的象徴なのである。ジョルジュ・バタイユは、禁忌が過激な感情を生み出すのだと述べた。そうした感情は、禁忌を犯すことをつうじて突発するのである。「観念だけではなく感情もまた人間の文化的創造物である」とギアーツは言う。(6)このテーゼは人間と他の動物とのあいだに、決定的な区分を生じさせるものだ。

文化的なパフォーマンスや文化的なシステムは、おしなべて意味をもち、それらの意味をつうじて効力を発揮するというテーゼをもってすれば、人類学はそれらの意味を、人類学的な解釈である文化的および言語的な象徴体系に翻訳することによって理解しているというテーゼにいたる。(7)「思考の媒介手段である象徴がもつ意味はつかみどころがなく、曖昧で、変動し、旋回することが多いが、本来は水素の原子量や副腎の機能と同じように、体系的な実証研究を通じて——とくにそれを知っている人々がすこしでも協力してくれるなら——発見することが可能である」とギアーツは述べる。(8)

人類学の言説が、ある文化体系の意味を配置し、また他の文化体系の意味もそのようにして、両者を比較し、それらの体系にさらに連なる体系どうしを比較することは、わたしたちの歴史的な意識と呼びうる、普遍的な近代のプロジェクトの一部なのである。一九世紀にあらわれた科学史と社会科学は、次のような信念のもとに生まれた。人間社会の諸形態と世紀を越えて生じている事象、そしてこの両者の関係を表象することができれば、社会的事象の意味について網羅的で完全な知識を生み出し、その結果を理解することができるはずである、と。

ところが文化の解釈学の核心である、意味の概念がいまひとつ明確ではない。それは単に知的な、意識的な行為のなかで把握される、概念上の意味ではないのである。ギアーツは次のような報告をしている。ジャワ人たちは、儀礼や式典の意味を話すとき、ラサという言葉を口にする。ラサとは、味覚、触覚、情緒的感覚と、「意味」——それも「究極的意義」——をひとつにした言葉で、そうした意味の深遠には神秘主義的努力によってたどり着くことができる。(9)

だがしかし、ギアーツが述べるように、思考の媒介手段である象徴のもつ意味は、本来的に知りうるものであるとするならば、それは人類学者たちが概念をもちいて明確にあらわす理解可能な意味と根本的に変わらないことになる。(10) 実際、集団的なパフォーマンスは、人類学の言説と同じ機能をそなえる。バリの闘鶏は、バリ人にとっての感情教育だとギアーツは言う。闘鶏は個々人をひとつにまとめ、社会を築く感情や、高度に階層化され、儀式を重んじる社会における、暴力の外観、利用、力、そして魅力をバリ人に明瞭に表現し、それらをバリ人たちに反映するテキストである。(11) 社会科学、とりわけ人類学がもたらす、社会や文化の形態の客観的な表象をつうじてわたしたちが獲得した歴史的感覚を、先の社会では集団的なパフォーマンスのなかで、あるいはそれをつうじて獲得し、生み出したのだ。

バリ人の崇敬者の大半と、祭司さえもが、寺院の神々やサンスクリット語の詠唱が意味するところについて何も知らないことを、ギアーツは知っていた。[12] また、メキシコの仮面行列では、演者や観衆の大半が、衣装のもつ意味についてほとんど何も知らないことにドナルド・コードリーは気がついた。[13] とはいえ、ここでの意味なる概念は、儀礼の課す行為のパターンや周期性のみならず、ある種の集団的な団結、畏怖、恐れの気持ちをしめすものとして拡大されてはいないだろうか。実用主義者や合理主義者、宗教改革者は、「無意味な儀礼」が定めたふるまいを非難する。バーバラ・バブコックは、カーニバルや、祝祭・聖日において「予測不可能な無意味の域」にまで達した花火や、情熱あふれる素晴らしい衣装、つぎはぎ細工の多彩な色、明らかにとんちんかんな仮面と衣装の組み合わせは、慣習的な意味を一時保留にすると言う。ところが「シニフィアンの過剰は……自己超越的な論議をつくりだし、それは『正式な』意味作用の体系の独白的な傲慢さを嘲笑い、転覆させる」[14] とバブコックは言う。とはいえそうした「超越」が、これらの見当違いで、でたらめな仮面や衣装の姿かたちになるのだと主張したり、それを実証することは難しい。この意味とは、まさしく文化的解釈――通訳者の――ではなかろうか。[15]

バリ島における華々しく演劇的な魔女ランダ－神獣バロンの文化的なパフォーマンスにおいては、意味という概念は、ギアーツが悪意をもつものと愚かなものとの最後まで決着のつかない衝突と描いた本質的要素を十分には示していないようだ。その効果によって、男女はともにトランス状態に陥り、〔短剣で〕自分たちを突き刺そうとしたり、たがいに格闘したり、生きたひよこや排泄物を食べたり、泥のなかを発作的に転げまわって昏睡状態――「無益な暴力と失意の喧騒」[16]に陥る。通訳者が文化的なパフォーマンスに見いだすいくらかの意味が不合理なもので、無目的な痛みしか示さず、もしくはたんにから騒ぎの世界を示すものでしかないのであれば、それは何も示していないのだろうか。

集団的なパフォーマンスは、彫像や聖像を提示するだけではない。それは、躍動し、活力を与え、変容し、音楽や歌、ダンスのなかで続いていく。意味を構築して解釈しようとする心の動きは、リズミカルで旋律的な運動の周期性を鈍らせ、その活力を奪ってしまう[17]。

意味というものをはるかに超えたところに、集団的なパフォーマンスで生み出される力が存在している。ヴィクター・ターナーは「アフリカで何度も目にしたもの、かの地では痩せて、栄養不足の老女たちが、時おりうたた寝をしながら、踊りや歌、儀礼的な行為を二、三日のあいだ通しで続ける[18]」ことについて考察した。集団的なパフォーマンスは、音楽、歌、ダンス、トランス状態をとおして、わたしたちの身体のなかの、また日常生活においては立ち入ることのない無意識の過程にある、快楽、痛み、表現の源を解放する。

また等しく印象的で不思議なことは、集団的パフォーマンスが壮観《スプレンダー》を生じさせることだ。ここにおいて意味の概念は解体される。ビザンツ帝国の聖像破壊主義者やプロテスタントの宗教改革者たちは、宗教的な象徴が持つ意味を不明瞭にし、覆い隠してしまうという理由から、金メッキや色彩、形態、音楽、豪華な典礼行列の見事なさま《スプレンダー》を弾劾した。集団的パフォーマンスについては、政治的決定や、霊的なトランス状態、幻を生みだすものとして多くの研究がおこなわれてきた一方、その壮観《スプレンダー》についての研究はほとんどなされていない。人々は見事な装飾や動作をつうじて変貌する。その経験はパフォーマンスをしているあいだに変化していく。高まる感情がかれらのうちに沸き起こる。その集合は劇的で、壮大であり、整然としている。(19)

また集団的なパフォーマンスが、いかにその通俗版を生みだしたあとで消滅し、感傷的な民間伝承と無味乾燥で商業化された娯楽のみを残すのかについてもほとんど理解されているとは言い難い。もはや人類学者たちは、部族民を研究して人類の文化的進化の原初段階を示そうとはせず、かれらが調査した農耕技術や技法は、わたしたちの食品や商品の工業的量産にとって筋違いのものとなっている。そうしたなかで、集合的なパフォーマンスから生じる壮観《スプレンダー》は、無節操にお金にものを言わせる重商主義の文化にあって、わたしたちにとってますます重要になるのではなかろうか。

25 戦争と輝き

リオデジャネイロを初めて訪れたとき、歯が痛んで歯医者に駆け込んだ。歯科医に、カーニバルのサンバスクール（サンバクラブ）で踊ったことがあるかと訊くと、「もちろんですよ」と彼は言った。「あなたもぜひどうぞ。せめて一生に一度はね。あんな体験は他にありませんよ」。

サンバスクールはファヴェーラにある。歯科医の話では、貧しい人たちが毎週一レアルずつ何年も貯めて、ファンタシカ（衣装）やサンバドロモで踊る費用を捻出することもあるそうだ。カーニバルは、誰もかれもが一緒になって踊る人々のことである。通りで近所の楽団と踊り、衣装に身を包み、サンバスクールの山車とともに、リオ・ブランコ通りや、サンボドロモで踊る。老いも若きも、トランスセクシュアルも、虚弱な者も、貧しい者も。かつての貴族や今日の著名人をもしのぐ、魅惑あふれる姿に変貌し、自身のアレグリア（喜び）を群衆に向かって投げかけると、それは広がって、勢いを獲得していく。サンバドロモの何万人ものダンサーの頭上に揺れる羽飾りを見わたしたとき、これはアフリカ産のダチョウの羽の総量、インド産の孔雀の羽の総量に相当するにちがいないと考えたものだ。先住民、白人、黒人の混血の人々は、みずからの肉体の見事さ《スプレンダー》を見せつける。手の込んだ衣装が、酒に酔って騒ぐ者の裸の胸や乳房、揺れうごく臀部や脚のうえに祭壇のように広げられている。華麗なパレードのなかの、サンバスクールの劇場さながらの演し物は、ダンス、精巧に作られた山車——アマゾン川とトカンチス川、メガネクマ、ゴールデンライオンタマリン、オオハシ、アマゾンやインカの入植地の先住民、アフリカの女王、バンデイランテス（奴隷狩りをする人と試掘者）、キロンボラス（逃亡奴隷）、宇宙空間を旅する旅人といったところだ。すべてのもの——植物、昆虫、鳥、動物、英雄、ならず者は、美となり、サンバとなり、喜《アレグリア》びとなる。個人の、集団の、山車の圧倒的な姿。この讃えられた人間性は、富む者と貧しい者、力ある者と力のない者、カリオカ〔リオデャネイロ出身者〕と外国人を分け隔てず、人々の目を幻惑し、心を恍惚とさせる。そして沸きあがる喜《アレグリア》びは、無償のありあまるエネルギーのほとばしりであり、わたしたちの日常の必要や将来の心配はそれにかき消される。

　第一次湾岸戦争が勃発したのは、わたしがリオに到着した週のことだった。三四の先進国が、その戦争のために連合したが、動機はせいぜい自国のために安価な石油供給源を確保することだった。リオのカーニバルを見たとき、これこそがこの地球の大切な出来事だと思った。その動機、その体験、その効果は、軍事同盟や選挙運動、金利の上昇、あるいは株価の下落と同じくらい、いや、それよりもっと大切なものだ。

リオのカーニバルは一八四五年に始まった。ブラジル史上もっとも激しい内乱であるファラーポス戦争は、官軍の勝利で終結した。兵士たちは熱狂的に自分たちの帰還を祝い、首都の通りで銃を発砲し、かがり火を焚き、馬車をひっくり返し、窓ガラスを割った。ドン・ペドロ一世は退位を強いられ、その一〇年後に一五歳のドン・ペドロ二世が、憲法に反して即位した。さらには共和派の反乱が人々の共感を集めていた。翌年、一周年の祝賀が新たに民衆の反政府デモの機会となることを恐れた政府は、代わりにその機会に仮面舞踏会を催すと布告した。フランスの人々がブルボン王朝の王政復古をそう記念したように。ところが、支配階級のエリートたちが優雅な舞踏室で踊る一方、通りではまたもや暴徒がどんちゃん騒ぎを巻き起こし、多くの平民たちが間に合わせの衣装をまとって路上でダンスを踊っていた。バイーア州サルヴァドールからたまたま街を訪れていた、カンドンブレーの巫女たちはトランス状態になり、すその長い白いドレス姿でくるくる回った。その後、こうした人々は祝祭の一部となった。しかし年月とともに、こうして路上に人々が集まることの政治的な側面や、踊りながら行進することの宗教的な意義は失われていった。そしてカーニバルは、美と喜び《アレグリア》だけのものになった。カーニバルに政府高官は出席しない。そして、今や信者の数が急速に増加している福音派の教会は、ごったがえす群衆のなかで解き放たれる好色や放縦のかどでカーニバルを非難する。カーニバルは、意識的な倫理をめぐる衝突の場である——集団的な喜びというエートスと国家発展の道徳原理との――、つまり、リオとサンパウロとの。サンパウロの人間は、リオにはサンバとビーチしかないと言う。リオデジャネイロの人間に言わせれば、サンパウロにあるのは金と仕事だけだ。

一九六四年、パプアニューギニア。オーストラリア人の植民地行政官の数名が、移民であった祖先から伝え聞いた、スコットランドのハイランド・フェスティバルを偲んで第一回目のマウントハーゲン・ショーを開催した。かれらは考えた。パプア人は身体装飾や見世物が好きだ。かれらの美しさに目を留め、それをたたえることは喜びだろう。太平洋のカーニバルが、地球の裏側にあるブラジルのカーニバルに応えるのだ。植民地行政官たちは、ハイランド西部に住む部族たち――お互いに疑念や敵意を抱きながら暮らしていると目された人々――に、礼服を着て集まり、マウントハーゲンのふもとで一緒にパレードをするよう呼びかけた。するとかれらは、凱旋の戦闘服に身を包み、武器を手にやって来た。オーストラリア人は、部族間対立の終結と、新たなオーストラリアの平和の祝賀としてショーを開催したのだが。

第二次世界大戦前、オーストラリアの植民地行政府は深刻な人手不足のため、支配拡大はおろか、熱帯気候で山がちの国土の調査もままならなかった。すると、ヨーロッパでの戦争が太平洋にまで拡大し、オーストラリア人、アメリカ人、日本人がパプアニューギニアで戦った。オーストラリアは自国の戦争のためにパプア人を入隊させ、五万人ものパプア人が戦死した。戦争が終結したあと、自国の植民地に戻ったオーストラリア人は、真剣に国の平和の回復に取り組んだ。それはかれらに対する武力妨害を鎮圧することではなかった。というのは、オーストラリア人が来た当初からもうすでにかれらの銃はパプア人には無用なものとなっていた。和解は、パプア人たち同士の紛争を武力ではなく、オーストラリア行政官と法廷へ訴えることによって決着をつけるべきであるとした。ようやく一九三〇年代になって初めて公にされた、総勢一〇〇万人ものハイランドのパプア人の存在は、大々的に報じられ、かれらは石器時代の人間や野蛮人と呼ばれた。高い谷にはそれぞれ独自の言語が存在することや――最終的には八六七の言語が確認された――、それぞれの社会は非常に個人主義的で、誰かの所有地の防衛は、持主か血縁者、あるいは同じ氏族の人間にゆだねられていることが判明すると、かれらが常に戦争状態にあることが容易に想像された。オーストラリアの植民地行政府はかれらをそのように描写し、和解を最優先事項とした。

実際は、ハイランドの男たちは近隣の部族から妻を迎えていた。この族外婚によって、近隣部族のビッグマンどうしの接触と交渉が保たれていたのである。戦が起きた場合も、かれらは規則づくめで、戦闘能力などないに等しい武器で戦っていた――矢羽根のない矢など、まことに役立たずである。よって、実際に戦で命を落とす者はめったになかった。誰かが殺された場合は、ビッグマンたちが賠償を求めてすぐに交渉に入った。そして、賠償――豚や、食糧品、貝殻の形をとった――の支払いが拒否された場合は戦が再開される。それは敵側の人間の誰かが殺されて両部族のバランスが保たれるようになるまで続いた。致死の病については、祖先の霊や、精霊、または呪術によるものとされたが、呪術がその原因と認められた場合は、しばしば物資的な賠償が用意された。

最初の白人の帝国主義者に関していえば、コルテスやピサロまでのオーストラリア人は植民地を黄金の供給源と見ていた。そしてのちには、銀、銅、石油、天然ガスのそれとなった。探鉱者と坑夫は、随行する大勢の先住民の運搬人に道具や必需品の運搬を任せていたが、問題は先住民たちが何度となく、隣の部族の土地との境界線を越えようとしないのを目にしたことだった。境界線は、配備された敵の戦士たちというよりも、むしろ呪術で守られていた。そうした部族間の境界線を解消しようと、オーストラリア人は、土砂をふるいにかけ、川底のものや泥をさらい上げて金を探す作業で、採掘が見込まれるエリアに前進するにあたって、部族間紛争は一切、オーストラリア人の定めた植民地行政官や法廷に委ねるべしとの法令をくだした。そして軍隊によるパトロールを実施し、紛争を伝統的なやり方で決着をつけようとした場合は罰することとした。

マウントハーゲン・フェスティバルは、国連信託統治理事会と本国に向けて、和解が達成されたことを示すために開催された。それはまた強制的な和解をハイランドの社会にまで拡大するためでもあった。なぜならハイランドの氏族や部族が集められたのは、めいめいの敵と会い意思の疎通を図ることができる場所であったからだ。またこの催しは、観光客を集めるためでもあった。その頃になると観光業は世界の主たる産業となっていた。滑走路が敷かれ、ホテルが何軒か建ち、八五〇〇名の観光客――その大半はオーストラリア人であった――が、飛行機に乗ってやってきた。

オーストラリア人の主催者は、もっとも素晴らしい衣装や、太鼓奏者、行進者、ダンサーを表彰した。ところが賞が授与されるやいなや、勝者と敗者のあいだで争いが起きた。そして賞は廃止となった。ショーは隔年で開催することになっていたが、その日取りについて氏族や部族のビッグマンから必要な数の合意を得ることができず、観光客はなかなか現地を訪ねる予定を立てられなかった。

現在は独立国となったパプアニューギニア政府――その軍隊や警察は、多国籍企業の鉱山の防衛のためだけに効力を発揮している――が、パプア人の氏族や部族の民族アイデンティティを確認し、自国の文化多様性を国外に示すことを目的に、マウントハーゲン・フェスティバルを支援している。二〇〇七年の今年は、観光客は二〇〇人くらいで、ほとんどは旅行ツアー会社を通じて二日間のショーのためだけに集まった人たちだった。独立から三〇年、パプアニューギニアは、諸国の外国公館や旅行ツアー会社からも、野蛮で危険な場所とされていた。実際、部族紛争はハイランドのほとんどの地域と首都のポートモレスビーで猛威をふるっていた。全バス会社とタクシーさえ、部族紛争のために二カ月のあいだ身動きがとれなかったのだ。

知り合いになった地元の男性が、ある国会議員を指差す。ここには政府高官があまり来ていないようだとわたしが言うと、一緒にいた男性は、あの人はこの地区の議員だという。そしてその議員にわたしを紹介してくれた。わたしはショーの素晴らしさ《スプレンダー》を讃える言葉を口にする。すると議員はうつむく。「だんだん、若い人たちに関心を持ってもらうことが難しくなっているんです」。ショーの参加者のなかには、彩色した厚紙でつくった模造品のキナの貝殻を身につけている者がいることにわたしは気付いていた。政府がスポンサーをつとめるショーは、悪趣味な結果を生み始めている。議員はポートモレスビーや沿岸部の町々のことを考えていたのだと、あとになって思う。ラエで、到着したばかりの観光客のグループが、空港の警察官たちに大急ぎでバンに押し込まれるのを見たことを思い出した。バンは車体全体がボルト止めの鋼板で覆われており、窓には頑丈な鋼製の金網が被せられていた。武装した三人の兵士が同乗し、停止標識も無視して、観光客向けのホテルへと急行する。政府の報告書によれば、ポートモレスビーの住人のゆうに五〇パーセントが、窃盗で生計を立てているという。

第二次世界大戦前、オーストラリアの植民地当局は、領土の大部分について宣教師の入国を許可しなかった。というのは、軍隊のパトロールがあまりに手薄で、鉱業会社が鉱物の採掘を見込んでいるところや、浚渫《しゆんせつ》場所のほかは警護が行き届かなかったからだ。戦後、広大な植民地の支配にふたたび乗り出したオーストラリアは、宣教師が和平工作に効果的で恒久的な手段になると考えた。カトリック、ルーテル、バプテスト、セブンスデー・アドベンチスト、その他の原理主義の宣教師が、瞬く間に全土に散らばり、教会や学校、診療所を建てた。これらは、ほとんどの村で現金給与を得られる主たるものであった。宣教師たちはいたるところで、男子集会所を取り壊すよう教区民たちに強制し、夫と妻を核家族として共に住まわせた。かれらはまた、子どもが離乳する五歳まで性交を禁じる禁忌や、ひとりの女性が生涯に産める子どもは二人までと定めた禁忌をあざ笑った。宣教師は、診療所に職員を配置し、衛生法を教え込んだ。すると人口はまたたく間に倍になった。部族間紛争の動機はいつも、手狭で肥沃な谷間の土地の占有をめぐるものであったが、今や谷はどこもかしこも人口過多である。農作物やコーヒー豆の生産を高めるための輸出物価は下降の一途をたどっている。若い男たちは、ポートモレスビーやマダン、ラエといった海沿いの町へ下りていくが、大半は仕事が見つからない。外国の、金や銅、銀の鉱業会社、アメリカのインターオイル社の製油所、オーストラリアンガスライト社が、ハイランドからトレス海峡を越え、オーストラリアまで天然ガスを輸送するために、パイプラインを敷設した。これは最先端技術をもちいたプロジェクトで、雇用される地元の人々はごくわずかだ。男子集会所の制度が廃止されたため、こうした若者は、忠誠心や儀礼、自分の部族に対する義務や恩義を身につけておらず、また村や氏族の年長者もかれらに対する権威を失っていた。ハイランドの共同体では、旅人を待ち構えて殺すような男は、賞賛されるより、むしろ恐れられた。かれらは尊敬されるリーダーにはならなかった。交換のまとめ役にも、雄弁家にもならなかった。ビッグマンどころか「悪い男たち《バッドメン》」になってしまった。そして今や強盗「ラスカル」と呼ばれている。ハイランドに戻った者たちは、マリファナやコカノキ、ケシを沿岸部の町にいる密売人のために栽培する。ある者はそれで銃を買えるだけの金を手にいれる。部族間の紛争では、かつてをはるかに超える数の者たちが命を落とし、ビッグマンの賠償を調停する力は弱まっている。

マウントハーゲン・ショーで行進者がたずさえるのは、現在は使わない、純粋に式典用の武器である。出席する政府の議員や、大規模な警察と軍隊が派遣されていることをみると、今後は、暴力がこの国を支配することは明らかだ。ところが、オーストラリア人たちによって開設された、ウェストミンスター・システムの議会政治は、国や地方において綱領をかかげるような政党を生み出せずにいる。マラリア研究者のイヴォ・ミュラー博士によれば、開発はおろか公衆衛生さえままならない。一〇九名いる代議士たちは事実上、部族のビッグマンで、国家予算のいくらかを自分や自分の部族の富に転用するべく活動する。軍隊や警察は、まともな訓練を受けておらず、給金が低いために汚職がはびこる。紛争が起きれば、迷わず部族の仲間に銃を売りさばき、自分たちの居留地が奇襲を受けたとうそぶく始末である。二〇〇二年におこなわれた最近の選挙では、支持者たちを武装させた政治家の事例がいくつか知られている。またハイランドの九つの選挙区のうち六つは暴力行為と脅迫のため、高等法院によって無効となった。個人と氏族がまたしても、自分たちに向けられた攻撃に対する賠償請求、あるいは復讐の責任を担っているのである。

ショーの観光客が減少したため、観光客の入場料は三〇ドルから一〇〇ドルに跳ね上がった。コカ・コーラは、自分たちが今年のスポンサーだと宣伝していた。思うにこれはいくらかお金になるのだろう。参加する部族には、演者ひとりにつき五キナ（約五ドル）が交通費補助として支給される。ところがなかには、マダンやラエのような沿岸の町から来るグループや、遠く離れたビスマルク諸島から来るグループもいる。つまりかれらが参加するのはお金のためではない。経験のためなのだ。わたしはマダンで会ったことのある医師に挨拶した。彼はここパプアニューギニアで長らく開業していたが、この国の独立を機にニュージーランドで引退生活を送っていた。六〇年代に第一回目のマウントハーゲン・ショーに参加したことがあるという。わたしは当時と今年はどう違うか訊いた。「ええ、そりゃ今のほうがずっと大きいですよ」。そう彼は答えた。

議員の話とは違って、ショーには実際、行進する若者の姿があった。しかも大半は若い。きみはかれらを見つめる。古風なつくりの、しかしながらぞっとするような武器を手に、ウォーチャントを日長一日詠唱する。そしてこう考える。このショーは、ハイランドの人々の和解をしめすどころか、戦士の文化を、独立国家となったパプアニューギニアであらたな装いのもと継続しているそれを表しているではないかと。リーダーもなく、野原のうえにいるほかのグループの間を縫うようにして行進する男たちの群れのなかで、ハイランドの部族たちにとって戦いとはどのようなものであったかを知る。その戦闘はリーダーや戦略もなく戦われ、おのおのの戦士は矢を投げ、矢を射り、放たれた矢や槍にさらされ、狡猾で敵意をもった人間のみならず、呪術による超自然的な力や武器にもさらされる。領土が占領されることも、女性が捕らわれることも、財産がうばわれることもない戦。きみは自分の倫理観や教養をさしおいて、その光景に心を奪われる。震える手足で、かれらの裸足の脚や宙を切るように動く腕の脆弱さと豪胆さを感じる。それらは迷彩や防護服で守られているのではなく、鳥の羽根でこれ見よがしに飾り立てられているのだ。かれらの鬨の声や、山々に響きわたる軍歌の高揚が、きみのうちに押し寄せていよいよ高まる。今日の怒りと喜びは、何千年もの昔からの希望と絶望が、恐怖と豪胆が、怒りと喜びとが結び合わさったものだ。それ自体に結集して独自の論理で拡散していく輝き《スプレンダー》によって、かれらは変容する。

羽根でできた豪華な頭飾り、貝殻でできた首飾り、雄のイノシシの牙やかつらは、戦のときにだけ身につけるものではない。個人の人生や共同体の節目となるようなあらゆる出来事――誕生、通過儀礼、死、周辺の部族や敵対する部族をも招いた盛大な豚の宴会――のためにも身につけるのだ。伝統的にハイランドの若い男性は、結婚して自分の世帯をもつまで、家屋の建設や畑仕事を分担する義務がなかった。未婚の若い男たちは、庭仕事や、豚の飼育、支払いや交換にほとんど関心をもたない。かれらは仲間とのお祭り騒ぎや求愛行動(1)に時間を費やした。夜を徹して歌いつづけることや、求愛のパーティーはたびたびであった。若い娘は美しい衣装で着飾り、若者を誘う。そこにやって来る若者は、顔にペインティングをほどこし、装飾品を身につけ、どこの誰だかわからない。そして長いあいだ稽古した歌を、鳥のようなファルセットで歌う。フリ族の若者は花を飾った赤いかつらをかぶり、顔を赤色と黄色に塗り、赤色に塗った身体のうえに、カタカケフウチョウの光彩をはなつ青色の胸飾りをつけ、一年間、全領地を行進して過ごした。かれらは鳥になりたいと焦がれる。俊敏で、華麗で、飼いならされていない鳥に。今日もなお、こうした催しのために見事に着飾った人たちに出会うことなく、ハイランドをさまようことはできないのだ。

マウントハーゲン・ショーには、ハイランドの部族たちが、おのおの異なる言語、文化、衝突、そして過去の苦しい試練、戦闘、勝利をもって集まる。そして現在と、かれらの前にある不確かで脅威に満ちた未来と対峙する。

人間の歴史全体を自分自身の歴史として感じ取ることのできる者は、普遍化の法外な力によって、ありとあらゆる悲しみを身をもって味わうのだ。健康に憧れる病人や、青春の夢を追う老人、愛する者を奪われた恋人、自らの理想が破れた殉教者、あるいは決着がつかないまま、傷を負い戦友を喪い、暮れ方の戦場に佇む英雄、――これらすべての者たちの悲しみを。――しかしこうしたありとあらゆる種類の膨大な量の悲しみを担い、堪えることができ、それでもなお、自分の未来と過去に数千年の視野をもつ人間として、そして過去のあらゆる卓越した精神の継承者、それも責務を担う継承者として、過去のあらゆる貴族のなかで最も高貴な者として、同時に比類なく前代未聞で、夢想だにしえなかった新たな貴族の新世代として、戦場の二日目の夜明けを前に曙光と自らの幸福に挨拶を送る英雄たりうるということ、こうしたことすべて――人類の最古と最新、喪失と希望、征服と勝利――を己の魂に刻印すること、こうしたことすべてをついに一個の魂の内に抱え込み、一個の感情に詰め込むこと、――これこそが、これまで人間が知らなかった幸福を産むに違いない。力と愛に溢れ、涙と笑いに満ちた神の幸福、――日没の太陽のように、自らの無尽蔵の豊饒さから惜しげもなく富を投げ与え、海へと注ぎ込む幸福、最も貧しい漁師さえ黄金の櫂で漕ぐのをみて、自らの豊かさを実感する太陽のような幸福。――こうしたものが現れたら、そのときこそこの神々しい感情をこう呼ぼうではないか、――人間性、と。(2)

ニーチェがここで訴える歴史感覚は、過去の社会構造、発明、紛争の形態や意味の言語学的な表象を構築する知的な作業から生まれたものではない。むしろそれは、それらのものをつくりだした情熱の回帰――苦痛、身体の損傷、殺人に対する嘆き、見込みのない戦いと敗北への嘆き、裏切られた理想、これらのすべてを耐え忍んだ勇気、広い視野を切り開く希望、私利私欲や冷笑主義をさげすむ自尊心、こうしたものすべてに対する嘆き――から生まれたのだ。これらの感情は個人が自分の意のままにつくりだしたものではない。いにしえの情熱がみずから回帰したものなのだ(3)。

ニーチェの永遠回帰の教義の、もっとも古く、またもっとも根本をなす源泉は、人間の感情は単にみずからの環境にある手近な刺激や文化的な象徴によってもたらされるものではないという彼の確信にある。わたしたちの感情は、歴史を超越する、わたしたちのうちにある獣性であり、原初の頃からの感情は社会化された現代人のもとに回帰することがあるというものである。彼の処女作を支配していたのはこの確信――アカデミックな文芸批評家たちではなく、彼こそがギリシャ悲劇を理解しえたのは、アイスキュロスやソフォクレスの情熱が彼の心を打ったからだという確信である。一九世紀末の、科学と工業、商業に重心がおかれたヨーロッパにあって、人々のうちに狩猟採集民や戦士、紀元前六世紀の賢人、暗黒時代の聖人の情熱が回帰しているのを見たのだった。

ニーチェは、ある民族のみずからの表象がもはやかれらを顕在化させせなくなったときに、こうしたいにしえの情熱が全力をあげて戻ってくると考える。ジークムント・フロイトは、なんらかのトラウマや幼児期に由来する不安や渇望が意識という白日のもとにさらされ、意識下の表象に形をとどめたとき、それらは個人を駆り立てる力を失うことを見いだした。また、これらの意識下の表象がだんだんと消え、またはほかのトラウマ的な出来事が起きて無くなってしまうと、以前の不安や渇望が戻ってくる。ニーチェの考えでは、ある民族が自分たちのことを完全に文明化された存在として描き、その経済や政治システム、倫理が文明化されたふるまいのためだけに存在するとき、狩人と狩猟者のいにしえの衝動がここかしこに戻ってくる。またある民族が自分たちのことを、グローバルな重商主義の経済のなかで生きる消費者として描くとき、賢人と聖人の衝動があちらこちらに戻ってくる。より深いところでは、わたしたちの獣性の衝動と感情が回帰する。文化から生じる衝動や感情の先に、ニーチェはわたしたちの内にある、狼、ホラアナグマ、ラクダを見いだしたのだった。ツァラトゥストラの超人の魂のなかには、ライオン、蛇、鳩の本能がひしめいている。

ニーチェは、集団的なパフォーマンスから得られる特殊な歴史感覚のなかに、創造性が生じるのを見る。リオの混雑したファヴェーラは、マットグロッソやアマゾンから来た移民たち、アフリカから来たかつての奴隷、古代のインカ地方から来た放浪者たち、病人、老女、絶望した恋人たち、敗北した大義の殉教者たち、敗北したゲリラたちで溢れかえり、シダージ・マラビリョーザ（素晴らしい街、リオデジャネイロの愛称）に降り立った男女が、街をわがものにし、かつての皇帝や貴族のように装い——いやそれ以上にずっと魅惑的に——街全体と遠い場所から訪れたよそ者に向かって喜《アレグリア》びをふりまく。そうして壮《スプレンダー》観が生じる。ひしめき合いながら決して混ざり合うことのない、相矛盾する情熱の回帰は、互いに強度を高め合い、過剰なまでのエネルギーを放つ。このエネルギーは、経済や政治のプロジェクトには向けられず、見返りなしに放出され、無償で放たれる。この共同のありようこそが壮観《スプレンダー》を生じさせる。なぜなら壮観は、過剰で無償のものだからだ。

マウントハーゲンのふもとを、行進し、踊り、叫び声や詠唱をあたり全体に響かせる男女は、真珠のように虹色に輝く貝殻や、蛇の骨や牙、雄のイノシシの牙、オオコウモリの歯、鳥の羽根を身にまとい、それは見事な眺めである。壮観をつくったのは、わたしたち人間ではない。わたしたちの仲間である類人猿は歌わないし、なるほど哺乳類動物のなかで歌うものはいない。そのことから、人間は鳥から歌うことを学んだと考える人類学者もいる。セイランの見事な羽根と六カ月におよぶ〔求愛の〕ダンスについて熟考したチャールズ・ダーウィンは、これほどまでに過剰な壮観の機能的な意味をついぞ突き止めることができなかったとしぶしぶ認めたのだった(4)。人間はいたるところで、レイヨウやアシカ、皇帝ペンギン、ダチョウ、キジ科の鳥類、蝶、カニのダンスを観察し、自分たちの身体でそうしたダンスを会得し、取り組んできた——そうして鶴の舞を踊り、インパラのダンスを踊り、オオカモシカのダンスを踊る。「おお、ツァラトゥストラよ」。動物たちは言った。「わたしたちのように考える者にとっては、万物は自分たちで踊ってくれる。かれらはやってきて、手をとりあい、笑い、逃げ——そしてまた、もどってくる(5)」。

壮観《スプレンダー》をひとつの概念で定義してはならない。それは、マウントハーゲンのふもとで、ビザンチン帝国や中世のカテドラルの盛式ミサでの典礼進行において、昔のバリの劇場国家であるヌガラで、リオデジャネイロのカーニバルで、セイランの羽根とダンスにおいて、青い海の水面にひろがる黄金の太陽の光において、光り輝く櫂をつかって船を漕ぐ漁師にあって、きらきらと輝きこだまする。壮観《スプレンダー》を生じさせようとする本能的欲求こそ、わたしたちの本性の自然ではないだろうか。フウチョウ科の鳥が求愛行動のダンスの際に、そのきらびやかな羽根に心を奪われるように、わたしたちは美しいものに魅了される。原始時代からつづく海のなかで、軟体動物が照り輝く虹色と複雑な造形の殻をつくるように、わたしたちは美しいものを生みだす。

きみは野球場の片方のスタンドに腰を下ろし、金網のフェンスを背にしている。周りには武器を携帯した兵士が何十人もいる。野球場の三方には土手があり、何千人もの地元の人たちが座っている。太鼓がドンドンと鳴り響き、遠くの隅から男たちの集団が入場してくるのが見える。かれらは腿を高く上げて行進し、戦の歌を詠唱し、叫び声を上げる。かれらは一〇人横並びで行進し、たがいに隣の者との間に、各々が長さ一〇フィートのランスやスピア、弓と矢、戦斧を携えて連なっている。色とりどりの編んだ胸あてを前につけ、背にはコルディリネ属の植物の長い房をつけている。色は、緑、黄、さくらんぼ色で、大きな鳥の尾のようだ。裸の胸板には、金のふちどりをした真珠色の白蝶貝の貝殻を半月型に切り出したものを下げている。胴や手足は油でかすかに光っている。赤、黄、青、黒と、原色のペインティングをほどこした顔のなかで、目がきらりと光る。雄のイノシシの牙を鼻腔に挿入し、オオコウモリの歯を耳の縁にぶら下げている。円盤状の貝殻を鼻腔からぶら下げ、唇を覆い隠しているものもいる。頭には編んだ縁なし帽をきつくかぶり、それらの帽子は何列もの花や小さな貝殻、ちらちらと光る緑色の甲虫を帯状に並べたものが添えられている。帽子のてっぺんには、薄もやのようなヒクイドリと鮮やかな色のオウムの羽根を覆うようにして、黄金色のゴクラクチョウやアカカザリフウチョウの黄金の羽根、フキナガシフウチョウの頭部を飾る長さ二フィートのマダラ模様の羽根、長さ三フィートの白黒のシロジクオオナガフウチョウの羽根、あるいはオジロオナガフウチョウの羽根の冠をいただく。すると女性たちが入場する。ここにいるのは、ヨーロッパや北米、カリブ海、ラテンアメリカの祭典やカーニバル、博覧会でパレードをしている、美貌や色気を見せびらかす若い女性ではない。彼女たちは家族や氏族の女家長なのだ。裸の胸には、さまざまな長さや色、形の、精巧につくられた貝殻の首飾りや、大きさが一フィート（約三〇センチ）のタラチネボラ（ハルカゼヤシガイ）の貝殻でできた、全部で二〇〜三〇ポンド（約九〜一三・六キロ）の重さになる首飾りが何重にもかけられている。それらは彼女たちの婚資である。女家長たちは進み出て、身体をゆさぶるダンスのステップを踏み、黄色の皺のよった草でできた腰蓑が、足首につけた鈴のリンリンという音に合わせて旋回する。彼女たちも頭飾りをつけており、それはクスクスの毛皮や、ワシの羽毛、そして男たちのものよりもずっと高さがあり、大きく広がったゴクラクチョウの羽根でできている。観光客は思わず極楽鳥の乱獲を想像してしまうが、実際はこうした頭飾りは家宝であって、女家長の婚資である何トンもの貝殻の首飾りと同じように、年をまたぎ、世代をも超えて丁寧に梱包され、保管されてきたものだ。女たちは携えた小ぶりの太鼓を叩き、自分たちの氏族の輝かしい歴史や、移住、戦の勝利をたたえる歌を詠唱する。ほかの戦士の集団が、腿を高くあげて行進しながら会場に入ってくる。そして別の集団が来る。さらに多くの集団が女性の踊り手たちの傍に加わる。

フリ族は自分の毛髪でつくった非常に大きなかつらをかぶっている。せり出したドーム状のそれは赤や黄色の花々が飾られている。男たちは腿を高くあげて行進し、接近して対面するとさらに速いステップを刻みながら、飛び跳ねるようにダンスする。アサロ族は身体じゅうに白い泥を塗り、奇怪な顔のついた大きな球状の物体を頭にかぶっている。アドミラルティ諸島から来た、若い男たちのグループは草の腰蓑だけを身につけ、武器は持たずに、太鼓奏者たちの輪の中心で踊る。黒く塗られた身体に白線で骸骨を描いた若者もいる。物真似をしているグループもある。白い肌の衣装を身にまとった者が、枕木に横たわった男たちを鞭でビシッと打つものもある。また喜劇を演じる小さなグループもいくつかある。

山の気候の薄い空気のなかを一日中、男は行進し、女は踊る。その日が終わると仮小屋に引き揚げ、装飾品を外し、食べて、寝る。その背後に、マウントハーゲンのうす暗い霧の向こうに虹がかかりまばゆい色彩を放つ。

翌日、日の出とともに到着したきみは、かれらがふたたび装飾品を身につけるのを眺める。準備ができると、かれらはいくつかのグループに分かれ、会場に入場する番が来るまで詠唱し、飛び跳ねるようなステップで踊りながら待機している。きみの目は、旋回する草の腰蓑や、かすかに光る色とりどりの鳥の羽根を照らす陽光のきらめくなかを泳ぎ、心臓と筋肉は大地を踏み鳴らす足と太鼓の音で激しく高鳴る。詠唱が見わたすかぎりにこだまし、パプアニューギニアで二番目に高い火山であるマウントハーゲンの中腹を響かせ、きみの胸を打つ。そして、二〇〇〇人の男女の歓喜とともに、きみは自分の血が熱くにえたぎるのを感じる。一二五の部族が、スローモーションの稲妻のごとく、多くの人でひしめく野原をジグザグに往来している——マグネシウムのように閃光を放つ、白い太陽に照らされて。

4　いってごらんよ

John Berger, *The Accidental Masterpiece* (New York: Penguin, 2005), 119.

5　形而上学上の住処

（1）　Hans Prinzhorn, *Artistry of the Mentally Ill: A Contribution to the Psychology and Psychopathology of Configuration*, trans. Eric von Brockdorff (Wien, N.Y.: Springer-Verlag, 1995). Second German edition, *Bildnerei der Geisteskranken*, ed. James L. Foy (Wien, N.Y.: Springer-Verlag, 1995).（ハンス・プリンツホルン『精神病者はなにを創造したのか——アウトサイダー・アート／アール・ブリュットの原点』林晶＋ティル・ファンゴア訳、ミネルヴァ書房、二〇一四）

（2）　精神科病棟のアートに関する著書を出版した四年後に、プリンツホルンは囚人のアートについての書物を刊行した。*Bildnerei der Geisteskranken* (Berlin: Axel Juncker, 1926).

（3）　Jean Dubuffet, "Art brut in Preference to the Cultural Arts," *Art & Text 27* (1988): 33.

(4)　Jean Dubuffet, Conversation with Jean Dubuffet, August 1976, p. 24. Cited in John M. MacGregor, *The Discovery of the Art of the Insane* (Princeton, N.J.: Princeton University Press, 1989), 303.

(5)　Paul Éluard, "Le génie sans miroir," in *Œuvres complètes, t. II* (Paris: Gallimard, Bibliothèque de la Plèiade, 1968), 786.

(6)　Ananda K. Coomeraswamy, *The Transformation of Nature in Art* (New York Dover: 1956).

(7)　Salvador Dali, *The Secret Life of Salvador Dali* (London: Vision Press, 1968), 349.（サルバドール・ダリ『わが秘められた生涯』足立康訳、新潮社、一九八一）

(8)　John M. MacGregor, "Marginal Outsiders: On the Edge of the Edge," in Simon Carr, Betsey Wells Farber, Allen S. Weiss, eds., *Portraits from the Outside: Figurative Expression in Outsider Art* (NewYork: Groegfeax, 1990), 12-13.

(9)　Roger Cardinal, "Figures and Faces in Outsider Art," in Carr et al., *Portraits from the Outside*, 26.

(10)　Quoted in Colin Rhodes, *Outsider Art: Spontaneous Alternatives* (London: Thames & Hudson, 2000), 60.

(11)　John M. MacGregor, "Marginal Outsiders," in Carr et al., *Portraits from the Outside*, 12.

(12)　Quoted in Marcus Field, "McTribal: How the Chapman Brothers Carve up Culture," *ArtReview* 52 (February 2003): 43.

6　旅立ち

(1)　Martin Heidegger, *Being and Time*, trans. John Macquarrie and Edward Robinson (NewYork: Harper & Row, 1962), 79-80; and "Building Thinking Dwelling," in *Poetry, Language, Thought*, trans. Albert Hofstadter (New York: Harper & Row, 1971), 145-61.（マルティン・ハイデッガー『存在と時間　上・下』ハイデッガー選集〈16・17〉、細谷貞雄＋亀井裕＋船橋弘訳、理想社、一九九三。ハイデッガー『ハイデッガーの建築論――建てる・住まう・考える』中村貴志訳、中央公論美術出版、二〇〇八）

(2)　わたしたちが自然と呼ぶものは、森林火災と戦い、強い吹雪が吹く時期には鹿に餌をやり、頭数が増えすぎた場合にはそれを間引き、その地域から消滅した種をふたたび繁殖させるために専門の職員が働き、わたしたちが充足されるための地域として、制度的に設える保護された自然のことである。ハイデッガーによれば、自然科学や生命科学が「自然」と呼ぶものは、二次的な派生物であり、わたしたちの環境、世界、習慣の抽象的な表象である（Heidegger, *Being and Time*, 147, 412-15）。（ハイデッガー『存在と時間　上・下』）

（3）　ギアーツは、この世界が超自然的な世界でないかぎり、宗教が呪術的ないつわりの救済を与え、病気が治療されて死者は再生するという確信の集合体にすぎないとする、ブロニスワフ・マリノスキーによって支持された実証主義の理論を断固として拒絶する。「宗教の歴史の中で、宗教は人を励ましたと同じく、人を悩ましてきた」とギアーツは指摘する。「宗教は人びとを次のような事実に正面からまなりじを決して対決させた。その事実とは、人びとを子どもじみたお伽話の世界に投影することによって、そういう対決を人びとに避けさせるのと同じほどに、人びとは苦しむために生まれるということである。（……）クリスチャン・サイエンスを例外として、いかなる宗教伝統も（……）、人生は苦しいものであるという命題が熱心に力説されないような宗教伝統はあるとしてもほとんどない。ある宗教伝統では、人生は苦しむということが事実上賞賛されてすらいる」（Clifford Geertz, *The Interpretatian of Cultures* [New York: Basic Books, 1973], 103）。（クリフォード・ギアーツ『文化の解釈学　Ⅰ』吉田禎吾＋柳川啓一＋中牧弘充＋板橋作美訳、岩波現代選書、一九八七、一七一頁）

（4）　Ibid., 106.

（5）　Ibid., 119. アルフレッド・シュッツに関する言及は以下を参照のこと。*Collected Papers*, vol. 1, *The Problem of Social Reality* (The Hague: Martinus Nijhoff, 1962), 226ff.

（6）　Ibid., 118.

（7）　Ibid., 110.

（8）　Ibid., 94-96.

（9）　治癒ができない早発性痴呆症と診断され、スイスのギメルにあるロジデール・クリニックに強制収容されていたアロイーズ・コルバスに関して、ジャン・デュビュッフェは次のように書いた。「彼女は長い時間をかけて、治癒されてきた。彼女は病気と闘うことをやめて、反対にそれを育み、それを活用し、それを疑問に思い、それを生きるための刺激的な要因に変えることを引き受け、そのプロセスのなかで自分自身を治癒したのだ。ひっきりなしに喋りまくり、支離滅裂でほとんど理解できない（わざと理解できないようにしていた）、彼女がいつも上演していた驚くべき演劇は、誰の手も届くことができない、他から攻撃を受けることのない彼女だけの逃げ場であり、他の誰もあがることができないステージだった。もっと器用に、もっとうまくやりようはなかった。あふれる才能と創意ある知性でもって、彼女は驚嘆されるような結果になるところまで、この演劇を磨きあげて完全なものにした。彼女は人を仰天させるのが大好きだったのだ。彼女はそれを少しずつ、自身をトラブルから遠ざけ、心の平静さをもっておこなうことができるような、ひとつの技術へと鍛えあげていった（彼女が常に新しい発見にぶつからざるを得ない状態を免じてくれた、彼女のよく理解できない話し方に感謝したい）。彼女は論理的に脈絡のない領域を発見し、それがもたらすことのできるたくさんの成果、それが開いてくれる道、それが点けてくれる光を実感するにいたった。彼女はそれに魅了され、わくわくし、それに感嘆することを決してやめなかった。だが、確かに狂気ではなかった。わたしは確信しているが、かなり理性的に、彼女が自分自身のために考案してきた、とても工夫された殻のなかに引きこもったのだ」(Letter to Dr. Jacqueline Porret-Forel, cited in Michel Thèvoz, *Art Brut* [Geneva: Skira, New York: Rizzoli, 1976], 133-34)。

8　内部空間

（1）　アントニー・ゴームリーは一九五〇年ロンドンに生まれ、ケンブリッジ大学にて考古学、人類学、美術史を学ぶ。その後、三年間インドで過ごし、ヴィパッサナー瞑想を修得した。イギリスに戻り、ゴールドスミス・カレッジとスレード美術学校でアートを学ぶ。

（2）　E. H. Gombrich in John Hutchinson et al., *Antony Gormley* (London: Phaidon Press, rev. ed. 2000), 118. ゴームリー曰く、ロダンの最初に一般公開された作品「青銅時代」は身体の内部空間を提示したものであった。「彼はベルギー人の兵士を一年半もポーズさせ続け、そのモデルを半狂乱に追い込んだ。モデルは視線を上に向け、矢をつかんでいるような格好をしてはいるが、実際は矢を持ってはいなかった。一九世紀の寓意派が持っていたような持物《アトリビュート》はすべて取り払われ、内部空間という考え方に取って代わられていたのだ」。一八七七年にこの作品が初めてパリのサロンで公開されたとき、モデルの筋肉組織のその異常な正確さは公衆を驚かせた。批評家たちは、ロダンが生のモデルの鋳型を使用したと非難した。こうした批判をかわすために、ロダンは自発的に次の彫刻作品を実際の人体サイズより大きく作ったのであった。しかし、ゴームリーを感心させるのは、その彫刻がモデルにポーズさせるための歳月による、彫刻に見出せる疲労困憊ぶりであり、自らの身体の内部空間を意識したモデルの内向性なのだ。この作品がゴームリーに自分の身体の本物の鋳型を作ることを思い起こさせたのかもしれない。

（3）　生きたままミイラにされたり、埋められること、つまりゾンビ化されるというアイデアにはゾッとさせるものがある。イタリアのポッジボンシでは、ゴームリーの作品のためにみずからの意志で型取りをした若者が、不安によって気絶してしまうということがあった。そのため数分で型取りから切り出さねばならなかった。

（4）　「わたしの製作した最も初期の鉛の作品のひとつは、〝自然選択〟という作品で、一二の自然のオブジェと一二の人工物から成り、卵子と男根のあいだで暫定的な対話が行われ、徐々に形態が進化していくというものだ。本当に傑作なのは、これらのうちのひとつが爆発してしまったことだ。（……）というのは、なかには果実があったからで、なかの果実が腐ってしまったのだ。――ギャラリーから送られてきた電報をずっと持っていたよ。それがまた傑作で、『すぐに連絡をください。果実と野菜が爆発しています』というものだった」（Hans-Werner Schmid, *Gormley Theweleit* [Bielefeld: Kerber Verlag, 1999], 63)。

（5）　F・D・ピート（物理学者）によるゴームリーへのインタビュー。

（6）　アントニー・ゴームリー「考えることを学んでいる」（lecture, online at www.antonygormley.com, accessed 2007)。

（7）　「彫刻とは、（……）小さな不活性な触媒であり、あなたが光と物質に浸されるという感覚を引き起こすために使用される少量の物質にすぎない。作品を通じて、あなたは鼻の導管を息が通過するのを感じるようになるかもしれないし、体重が膝を駆け抜けていくのを感じるようになるかもしれない。あなたが生活している世界とその世界のうちに生きているということを意識することなのだ」（F・D・ピートによるゴームリーへのインタビュー）。

(8) Ibid.

(9) *Testing a World View*, 1993.

(10) *Edge*, 1985.

(11) *Pore*, 1988.

(12) アントニー・ゴームリー『考えることを学んでいる』(一九九一)。

(13) *Allotment*, 1996.

(14) のちに二〇〇三年のベルギーのボーフォール現代美術トリエンナーレの際にデ・パンネ〔ベルギーのウェスト＝フランデレン州にある〕に移され、さらに、二〇〇五年にイギリスのマージサイド州にあるクロスビー・ビーチの満潮時水位点両側三キロメートルのところに移された。

(15) アントニー・ゴームリー『考えることを学んでいる』(一九九一)。

(16) 「わたしは彫刻を大地の下から湧き上がり、わたしたちすべてがそうであるように地上の住民になるものと考えている。しかし、それは未だ物質のうちに隠され、後に明かされるエネルギーをうちに秘めたものという感覚をいまだ保持している。そして、彫刻はそのエネルギーによって構築された世界の真っ只中に土臭さを取り戻すのだ」(Ibid.)。

(17) F・D・ピートによるゴームリーへのインタビュー。

(18) *Amazonian Field* (1991), *Field for the British Isles* (1993), and *European Field*(1993).

(19) ニコラス・ロウ「集団の先導者」『ガーディアン』二〇〇五年六月二五日。

(20) www.antonygormley.com.

(21) ロウ「集団の先導者」。

9 倒れた巨人

(1) 「新たに視力を獲得した者はみな、実際、外観を見分けることが極めて困難なのだ。ものの外観が刻々と変化し、不安定で、現れては消えて行くといったふうに感じられる混沌の世界へ突如として放り込まれたといった感じなのだ。彼らは止むことのない外観の変動という大海で完全に遭難してしまったようなものだ。そこにおいて彼らは、いまだものの世界に、空間の世界にしっかりと係留されてはいないのだ。新たに視力を獲得した者ー以前は視覚以外の感覚を頼りにしていたーは、視覚的で、視覚以外の感覚に置き換えることが不可能な外観という概念にこそ困惑するのだ」(Oliver Sacks, *An Anthropologist on Mars* [New York: Knopf, 1995], 121n7.〔『火星の人類学者』吉田利子訳、早川書房、二〇〇一〕)。

(2) 「自己管理された自然の享受は何か強制的なものに思われる。まったく異質で無目的で動物や鳥や石や樹木の独立した存在の中にこそ、われわれは自然で適切な自己忘却的快を得るのである。『世界がどうあるかではなく、世界があるということ、それが神秘なのである』(『論理哲学論考』六・四四)」(Iris Murdoch, *The Sovereignty of Good* [London: Routledge and Kegan Paul, 1970], 85. Quoting Ludwig Wittgenstein, *Tractatus Logico-Philosophicus*, trans D.F. Pears and B.F. McGuinness [London: Routledge and Kegan Paul, 1963], 6. 44.〔『善の至高性――プラトニズムの視点から』菅豊彦+小林信行訳、九州大学出版会、一九九二〕)

(3) 「老齢の樫の木の下で氷河湖を眺めながら、あるいは山を眺めながら佇むとき、時間においても、空間においてはより鮮明に何かより巨大なもの、根深く、現存しているものの存在に抱かれているという感覚に襲われ、そうした知覚の現存性が自らの身体に浸透する。思うに、芸術作品というものはこの現存性の状態を志向し、そして観者に自分自身であるということの高められた感覚をもたらすのである」(ゴームリー「考えることを学んでいる」)。

11 ものの声

(1) P. Pels, "The Spirit of Matter: On Fetish, Rarity, Fact, and Fancy," in *Border Fetishisms: Material Object in Unstable Spaces*, ed. Patricia Spyer (New York: Routledge, 1998), 91.

(2) しかしながら、ヨーロッパ人は偶像崇拝を非難しつつも、ものにおいて霊魂が語るというアニミズムへの信念――キリスト、聖ゲオルギオス、聖ミカエル、そして聖ヤコブの霊魂の真正さ――は保持していた。

(3)「われわれが甘んじて受け入れねばならないのは、世界の秩序や、現実界の本性や、人間の起源と運命についてわれわれが学びとるべき何物も、神話は語ってくれないという事実である。(……)形而上学的配慮など、神話にはいっさい期待できない。すでに消耗したイデオロギーの救援に、神話は駆けつけたりしないだろう。代わりに神話は、自分を生み出した社会についてわれわれに多くのことを教え、社会機能の内的動因を説明する助けとなり、全体のなかでの位置づけが一見して理解不能におもえた信念、慣習、制度の存在理由を明らかにする。(……)そして何より需要なことに、われわれは神話のおかげで、人間精神の特定の活動様式を抽出できるようになる。(……)」(Claude Lévi-Strauss, *The Naked Man*, trans. John and Doreen Weightman [Chicago: University of Chicago Press, 1981], 639.〔クロード・レヴィ゠ストロース『裸の人 1・2』吉田禎吾他訳、みすず書房、二〇〇八―二〇一〇〕)。

(4) Arthur C. Danto, *Beyond the Brillo Box* (Berkeley: University of California Press, 1992), 9; *After the End of Art* (Princeton: Princeton University of California Press, 1997), 30-33, 66.(アーサー・C・ダントー『芸術の終焉のあと――現代芸術と歴史の境界』山田忠彰監訳、河合大介－原友昭＋粂和沙訳、三元社、二〇一七)

(5) Michael Kimmelman, *The Accidental Masterpiece* (New York: Penguin, 2005).

12 自然と芸術

(1) George Friedrich Wilhelm Hegel. *The Philosophy of Fine Art*, trans. F.P.B. Osmaston (Bristol, England: Thoemmes Press, 1999), 38-39.(C・W・F・ヘーゲル『ヘーゲル美学講義』長谷川宏訳、作品社、一九九五―一九九六)

13 自然

(1) マレーシアの熱帯雨林の一〇ヘクタール区画には、北米中で確認されるよりもたくさんの種類の樹木、七八〇種類の樹木が確認される。

(2) Paul Shephard, *The Only World We've Got* (San Francisco: Sierra Club Books, 1996), 60.(『動物論――思考と文化の起源について』寺田鴻訳、どうぶつ社、一九九一)

15　瀆聖

（1）　Henri Hubert and Marcel Mauss, *Sacrifice: Its Nature and Functions*, trans. W.D. Halls (Chicago: University of Chicago Press, 1981).（マルセル・モース、アンリ・ユベール『供犠』小関藤一郎訳、法政大学出版局、一九八三年）

（2）　J.C. Heesterman, *The Broken World of Sacrifice* (Chicago: University of Chicago Press, 1993).

（3）　Karen McCarthy Brown, *Mama Lola: A Vodou Priestess in Brooklyn* (Berkeley and Los Angeles: University of California Press, 2001).

（4）　Michel Leiris, *L'Afrique fantôme* (Paris: Gallimard, 1981).（ミシェル・レリス『幻のアフリカ』岡谷公二＋田中淳一＋高橋達明訳、平凡社、二〇一〇）

（5）　Thor Heyerdahl, *Aku-Aku, the Secret of Easter Island* (Chicago: Rand McNally, 1958).（T・ヘイダール『アク・アク――孤島イースター島の秘密』山田晃訳、社会思想社、一九九二）

18　汚穢

（1）　Maurice Merleau-Ponty, *The Visible and the Invisible*, trans. Alphonso Lingis (Evanston, Ill.: Northwestern University Press, 1964), 119.（モーリス・メルロ＝ポンティ『見えるものと見えないもの　付・研究ノート　新装版』滝浦静雄＋木田元訳、みすず書房、二〇一七）

19　偽物のフェティッシュ、服を脱がされたマネキン人形

（1）　ジェイク（一九六六年生）とディノス（一九六二年生）チャップマンはロンドンで生まれ、ロンドン大学のアート・カレッジと王立芸術院で学んだ。

（2）　The White Cube, London, 2002, The Saatchi Gallery, London, 2004, Tate-Liverpool, 2006-2007.

20　栄光におぼれる

（1）　Yukio Mishima, *The Temple of the Golden Pavilion* (New York: Berkley Medallion Books, 1971).（三島由紀夫『金閣寺』新潮社、二〇〇三）

（2）　マルティン・ハイデッガーは、不安と恐れを区別した。不安とは、正体のわかる脅威や懸念に転じず、世界のどこであれ漠然とした危険を感じることである。それはハイデッガーによれば、あたかも世界が消えようとしていて、わたしの支えになるものや、頼るべきものを何も残さず過ぎ去ってしまうようなものだ。不安は死の先取りである、とハイデッガーは説明する。死ぬことは虚空のなかに投げ出されることであり、無のなかに投げ込まれる存在をあらわにする。不安という、無がわたしたちを所有することになると感じることは、わたしたちに無の概念をもたらすのである。

　不安はわたしを孤独にする。ところが無へと投げ出されたのは、わたしが感じるわたしなる存在であり、他人の存在でもなければ、世界の存在でもない。この無なるものは、わたしのために特別に運命づけられたものであり、この無がわたしを選びだすのである。それぞれの環境に植え付けられた他人は、そこにとどまり続けるであろう。世界は以前と同じようにありつづける。

　不安は去っていくこともあれば、おおい隠されることもある。ところがそれが認められ、また受け入れられると、不安は確固としたものとなる、とハイデッガーは説く。自分自身の感覚はあてどなく虚空をさまよう。わたしを支えるものは何もなく、頼れるものも何もない。わたしのなかで今も存続する力、わたし自身の力に頼らざるをえない。世界や他人の支持をもはや頼らず、自分の持てる力をもって応じるとき、わたしはひとおもいに自分らしくふるまい、自分自身で存在する。このようにハイデッガーは、もっともネガティブな経験、無の経験そのものを、もっともポジティブな経験、自分自身の存在を肯定的に仮定する経験に変えるのである（*Being and Time*, 279-311.）。

　とはいえ実際、不安は死を無と認めるのだろうか。恐れと対比するとき、不安の特徴は、識別可能な対象が存在しないことだ。それは何か不確定のものに関してよくないことが起きるという予感なのである。わたしが不安に感じるものとは、未知の何かであって、わたしが無であると知っている何かではない。

不安を掻き立てる状況は、夜に感じるイライラとした気持ちになることになぞらえられるだろう。夜に落ち着かない気分になるのは、危険なものの存在を知覚しているからではなく、むしろ危険の可能性の所在を事物のなかに突き止められないことにある。わたしたちはもはや物を知覚しない。その輪郭は夜のなかに溶け込んでしまう。しかし、この物が無いこと（no-thingness）は、無（nothingness）ではない。そこにはまだ夜の闇が存在している。空間に充満し広がる闇は、中にあると同時にその外にもある。輪郭や境界線が消えることによって、夜の抱く危険はみな、ことによるとどんな場所にも、あらゆる場所にある。

見知らぬものを前にしたときの強い動揺はわたしを苦しめる。しかしそれは、わたしがわたし自身で存在し、わたしが自分自身の力でふるまうことができ、またそうするべきだという認識に転じるものではない。むしろわたしは、今は自分の手の届かないところにあるにもかかわらず、知っているものの支えを求めながら、不安を克服するか、少なくとも耐え忍びたいと思う。

（3）Pierre Clastres, *The Archeology of Violence*, trans. Jeanine Herman (New York: Semiotext(e), 1994), 152-58.
（4）クラストルは、戦士をその行為の瞬間に神々しい存在に変える、この内なる栄光についてほとんど触れていない。むしろ栄光と他者からの認知を同一視している（Ibid., 179.）。
（5）Ibid., 188-89.
（6）Gilles Deleuze and Félix Guattari, *Thousand Plateaus*, trans. Brian Masumi (Minneapolis: University of Minnesota Press, 1987), 418-23.（ジル・ドゥルーズ＆フェリックス・ガタリ『千のプラトー』宇野邦一他訳、河出書房新社、一九九四）
（7）「われわれの法が厳しく罰するこれらの殺人、われわれが自然に課しうるもっとも非道な行いと考えるこれらの殺人は、あなたがよくご存知のように、自然を傷つけることもなく、それに対して何もなしえないばかりか、自然になんらかの形で資するものなのです。なぜなら、自然それじたいが大いなる殺人者だからです。（……）この地上でもっとも邪悪な人間、もっとも称讃するべき、残忍で、野蛮な、飽くことのない殺人者というのはつまり、自然の欲望の代弁者であり、その意志の担い手であり、またその気まぐれの確かな仲介者のことをいうのです。（……）自然の殺人に対する渇望を思えば、地上でおこなわれている殺人は、過剰でも十分でも決してありません」。The Marquis de Sade, *Juliette*, trans. Austryn Wainhouse (New York: Grove Press, 1968), 768-769, 772.

（8） Ibid., 525.（マルキ・ド・サド「悪徳の栄え（正・続）」『澁澤龍彦翻訳全集　第五巻』澁澤龍彦訳、河出書房新社、一九九七）

（9） Max Weber, *From Max Weber: Essays in Sociology*, trans. and edited by H.H. Gerth and C. Wright Mills (New York: Oxford University Press, 1958), 78.

22　死の顔

（1） これは今日のロサンゼルスとほぼ同じ面積である。

23　ダンスが現れるとき

（1） Ken Beittle, *Zen and the Art of Pottery* (New York: Weatherhill, 1989), 4.

（2） Marshall Sahlins, *Stone Age Economics* (New York: Aldine, 1972).（マーシャル・サーリンズ『石器時代の経済学　新装版』山内昶訳、法政大学出版局、二〇一二）

24　集団パフォーマンス

（1） Victor Turner, *From Ritual to Theatre: The Human Seriousness to Play* (New York: PAJ, 1982), 32.

（2） Claude Lévi-Strauss *The Naked Man*, trans. John and Doreen Weightman (Chicago: University of Chicago Press, 1981), 639.（クロード・レヴィ＝ストロース『裸の人　1・2』吉田禎吾他訳、みすず書房、二〇〇八）

（3） Clifford Geertz, *The Interpretation of Cultures* (New York: Basic Books, 1973), 115.（クリフォード・ギアーツ『文化の解釈学　I・II』吉田禎吾＋柳川啓一＋中牧弘允＋板橋作美訳、岩波現代選書、一九八七）

(4) Max Weber, *The Sociology of Religion* (Boston: Beacon, 1963).

(5) Edmund Lech, *The Essential Edmund Leach*, vol. 2 *Culture and Human Nature*, ed. Stephen Hugh-Hones and James Laidlaw (New Heaven, Conn.: Yale University Press, 2000), 178.

(6) Geertz, *Interpretation of Cultures*, 81.

(7) 自分とは異なる人々の文化の研究（……）は、彼ら自身、自分たちが何者で何のために何をしていると考えているかを見つけだすことである（クリフォード・ギアツ『現代社会を照らす光　人類学的省察』鏡味治也・中村伸浩・西本陽一訳、青木書店、二〇〇七）。

(8) Geertz, *Interpretation of Cultures*, 362-63.

(9) Ibid., 134-35

(10) 「象徴は（……）観念の理解できる形象化、知覚しうる形に固定した、経験からの抽象、思想、態度、判断、希望、信仰の具体的な表現である」（Ibid., 91）

(11) Ibid., 449.

(12) Ibid., 177, 179.

(13) Donald Cordry, *Mexican Masks* (Austin and London: University of Texas Press, 1980), 23-31.「仮面の伝統は、本来の象徴的意義や社会的文脈との関係性が完全に失われたとしても残りつづけるだろう（……）では、このような仮面を身につける祝祭は、中身のない見えすいたまねごとかロマンチックな懐古趣味であると片付けるべきだろうか。いや、むしろその逆だ。仮面を身につける祝祭はふたつのことを示している。それは仮面をつけた仮装それ自体にそなわる力であり、そうした仮装はたとえ具体的な意味を理解されずとも、社会的なコミュニティにおいてはきわめて重要なものであるということだ。

(14) Barbara Babcock, "Too Many, Too Few: Ritual Modes of Signification," *Semiotica* 23 (January 1978), 296.

(15) 公的生活における儀礼が、意義のある公的参加や方策に取って代わり、私的および職業的生活においての日常的な儀礼が、わたしたちの日々や人生に欠けている意味の座についていると感じはしないだろうか。

(16) Geertz, *Interpretation of Cultures*, 118-19, 181.

(17) エマニュエル・レヴィナスは、リズムにしたがう意識と、能動的で投影的な指向性の運動をはっきりと区別している（Emmanuel Levinas, "Reality and Its Shadow," in Emmanuel Levinas, *Collected Philosophical Papers*, trans. Alphonso Lingis [The Hague: Martinus Nijhoff, 1987], 4-5.〔エマニュエル・レヴィナス「現実とその影」『レヴィナス・コレクション』合田正人編訳、ちくま学芸文庫、一九九九〕)。

(18) 彼はこう付け加えている。「最近の脳神経学の研究は（……）とりわけ儀礼のもつ人を駆り立てる技術（例えば打楽器のようなソニックドライビングがそれに含まれる）が、いかに右脳優位を促進し、ゲシュタルト的な、時間を超越した、非言語的な経験を引き起こすかを示している。それは、左脳の機能や右脳と左脳が交互に機能することとは異なる特殊な経験であるという（Victor Turner in Victor Turner, ed. *The Anthropology of Experience* [Urbana: University of Illinois Press, 1986], 43)。

(19) 現象学は、高度な集中のなかにある劇的なものに魅了された意識と、概念を形成しながら対象を能動的に把握しようとする意識とを区別するべきである。

25 戦争と輝き

(1) Paula Brown, *Highland Peoples of New Guinea* (Cambridge: Cambridge University Press, 1978), 156.

(2) Friedrich Nietzsche, *The Gay Science*, trans. Walter Kaufmann (New York: Vintage, 1974), §337.（フリードリヒ・ニーチェ『喜ばしき知恵』村井則夫訳、河出書房新社、二〇一二）

(3) ケネス・リード（Kenneth Read）は、彼が参加したニューギニア・ハイランドのガフク族の儀礼について詳細に述べている。

「家のなかはすし詰め状態だったが、真っ暗闇なので隣に座っている人がどんな容貌をしているのかさっぱりわからなかった。するとすぐに、姿の見えない人々の声に囲まれて、わたしは最初の奇妙なパニックを感じた。それは、自分の意識に集中しなければ、自分が何者であるかわからなってしまうという恐れだった。同時にそうしたことが起こりうるという可能性は非常に魅力的でもあった。あたりはツンとするような臭気が立ちこめ、洗っていない体の臭いや、それよりも風変わりで微かな香りが鼻腔や目を刺激した。ず耳を叩きつけるような歌声が、わたしの自由意志に対してほとんど強烈すぎるほどの集団行動の毒気で、わたしの心を曇らせ始めたのである。一瞬、夜は消え失せ、わたしの目的、村におけるわたしの存在をめぐる状況さえもはや重要ではなかった。わたしはどちらとも決められないまま入口に立っていた。その入口はわたしたちを互いに引き裂く疑念や不安からの解放を約束し、求めに応ずるならば安心を、つまり究極的な一体感を共有した者たちが味わう快い受容を差し出していた。歌詞の内容は理解できなかったが、束ねられた多くの声は、わたしに向かって伸ばされた手のようにわたしの体を包んだ。

それはほとんど意識的な反応ではなかったので、このような思考、いやむしろこうした直観こそが、わたしのむせ返るような感覚を支配していたのだ。それとわかるような休憩も挟まず、歌は次々と続いていく。時おり上がる金切り声や泣き叫ぶ声が、次の曲目を方向づける。他の者たちが威勢よく加わるにつれて、わたしは自分の日々の調査ではつかむことのできなかったまさにそのものに近づくことができたように感じた。そして、わたしたちの持てるすべてである言葉や行動では十分に表現することのできない、手で触れることのできない希望や共有された考えと物理的に対峙することとなった。分析言語においては、その状況は別離の儀式の習慣のなかに置いて説明することができる。別離の儀式とは、少女が彼女の父親の家のなかで、親族に取り囲まれて、新しい立場につく朝を迎え、夫側の人間になることだが、この出来事のもつ質はどのような専門用語を尽くしても伝えられないだろう。家のなかは声で充満し、絶頂を迎えたとき、よそ者としてのわたしの生活に張り巡らされていた障壁はすっと消えてしまった。音はわたしを圧倒し、音とともにわたしを抱えて家の向こうの、回転する宇宙のなかにある何もない空間へと連れていった。こうした感覚が持続し、わたしは人類の知られざる起源にさかのぼり、夜は火のそばに座り、森をすみずみまで開拓し、独自の音の調べを荒野に響かせる、数えきれぬほど多くの仲間のひとりとなったのである（*The High Valley* [New York: Scribner's, 1965], 251-52)。

（4）　鳥類学者が実験で確かめたことには、クジャク、キジオライチョウ、ゴクラクチョウのメスは、目を引くような立派な羽で非常に凝ったダンスを披露するようなオスに対して性的好意を抱く——派手な色の羽や恍惚としたダンスのせいで、こうしたオスは良餌になるのだが。またこれらの鳥のオスは、巣作りや見張り、餌やりといった、種の生殖を保証する務めは一切おこなわない。

（5）　Friedrich Nietzsche, *Thus Spoke Zarathustra*, trans. Walter Kaufmann in *The Portable Nietzsche* (New York: Viking, 1968), book 3, “The Convalescent,” 2.（フリードリヒ・ニーチェ『ツァラトゥストラはこう言った（下）』水上英廣訳、岩波書店、一九九五）

写真について

写真は特に表記がない限り、著者によって撮影された。

一〇頁　マウントハーゲン、パプアニューギニア、二〇〇七年。
一四頁　ジャワ島、一九八二年。
二〇頁　ブータン、一九九六年。
二六頁　チンギス・ハーン、現代モンゴル絵画、著者所蔵。二〇〇〇年に入手。
四四頁　リオデジャネイロ、二〇〇三年。
四八頁　ジョエル・ロランドによる「花文字」。提供：ヘンリー・ボクサー・ギャラリー、ロンドン。
八〇頁　ドゴン族、マリ共和国、一九九九年。
九〇頁　リオデジャネイロ、一九九五年。
一一四頁　倒木したセコイア、写真提供：アーロン・ブラウン、二〇〇九年。

一二四頁　導きの石、パプアニューギニア、一九八八年。
一二八頁　ホラガイ、装飾された巻貝（モンゴル）、セイランの大羽根、パシュパティナート産の化石、ネパール産の化石、アザラシの椎骨（南極大陸）。
一四六頁　カンムリヅル、ジュロン・バードパーク、シンガポール、一九八八年。
一五〇頁　カイロ、エジプト、二〇〇〇年。
一五四頁　ラニ族、西パプア州、一九八八年。
一六六頁　クリスナイフ（バリ島）、ナイフ（ブラジル、リオデジャネイロ）、ヒクイドリの骨製ナイフ（西パプア州）、ヒクイドリの骨製ナイフ（パプアニューギニア）、マチェーテ（ミンナダオ島）、ナイフ（アフガニスタン）。
一八四頁　南昌市、中国、二〇〇九年。
一九〇頁　スー、エジプト、二〇〇〇年。
一九四頁　カブール、アフガニスタン、一九七四年。
二一二頁　納骨堂、聖フランシスコ教会、エヴォラ、ポルトガル、二〇〇〇年。
二二六頁　アンコール・ワット、カンボジア、一九八八年。
二三四頁　ジャヤーヴァルマン七世。かつてプリヤ・カーンにあった菩薩像、一二世紀に制作。プノンペン国立博物館。著者が入手したコピー、一九九八年。
二四二頁　バリ島、一九九八年。
二五〇頁　マウントハーゲン、パプアニューギニア、二〇〇七年。
二六〇頁　マウントハーゲン、パプアニューギニア、二〇〇七年。

訳者あとがき

本書は、Alphonso Lingis, *Violence and Splendor*, Northwestern University Press, 2011 の全訳である。アルフォンソ・リンギスの著書はすでに多くが日本語訳され、その著作は一定の読者層を獲得しており、あらためてリンギス本人の詳細なプロフィールについて、紹介の必要はないように思われる。とはいえ、本書によってリンギスの著作をはじめて手にされる方もおられるかもしれないので、最小限のリンギスの経歴を以下に記しておく。

アルフォンソ・リンギスはペンシルヴァニア州立大学名誉教授（哲学）であり、*Abuses*, *The Imperative*, *Dangerous Emotions*（邦訳『汝の敵を愛せ』）, *Trust*（邦訳『信頼』）, *Body Transformations*（邦訳『変形する身体』）, *The First Person Singular*, そして現時点での最新作 *Contact* などの著作がある。また、モーリス・メルロ゠ポンティ、エマニュエル・レヴィナス、ピエール・クロソウスキーの優れた英訳者でもあり、その訳書には『見えるものと見えないもの』、『わが隣人サド』などがある。

本書『暴力と輝き』において取り上げられる主要なテーマはそのタイトルからも明らかなように暴力である。全てが計画と測量に基づき管理化された現代社会においては、暴力もまた国家あるいは法によって一元的に管理されている。とりわけ、現代社会において暴力とは負のイメージしか与えられていないかのようにみえる。国家によって扇動される戦争、金銭目的の人質、職場でのパワハラ、児童虐待やドメスティック・バイオレンス等。しかし、リンギスは暴力のうちに、肉体の中に秘められた野生の力の顕現や現代社会によって抑圧された自由を獲得するための積極的な契機を見出しているかのようだ。本書を一読して了解できることだが、リンギスが肯定的な価値を見出す暴力と暴力一般を隔てているものは、その暴力に輝き（威光）が含まれているかどうかなのである。

リンギスも参照している人類学者ピエール・クラストルは、その生涯を通じて南米の先住民社会で調査を行った。クラストルによれば、奴隷状態・服従を拒否する未開社会の自律性は、永続的な戦争状態によって維持されており、未開社会はその本質において、戦争を目指す社会である、という。戦争こそが未開社会が未開社会であるための本質的な機能なのだ。クラストルが調査を行ったパラグアイのグラン・チャコ先住民たちは、とりわけ好戦的な部族として知られ、戦士たちは戦闘によって敵の頭皮を持ち帰ったらしい。敵の頭皮は、戦士にとって武勲の証であり、みずから社会において戦士であることの威光を獲得するための戦利品であったのだ。しかし、戦士として一度頭皮を持ち帰れば、永遠に社会から承認されるためには、さらなる戦闘に駆り立てられる運命にあり、その赴く先は死であったという。

本書『暴力と輝き』を翻訳しながら訳者の脳裏を何度かよぎったのは、アルバニア出身の作家イスマイル・カダレの『砕かれた四月』という小説であった。この作品は、アルバニア高地に今も残る掟、ある家族の一員が別の家族の一員に殺害された場合、その復讐として殺された家族の一員が、殺した家族の一員を殺してもよいという血の掟を描いたものだ。現代社会に生きる人間からすれば、不条理このうえない（その結果、二家族間で数百年にわたって殺人が繰り返される）としか思えない掟だが、みずみずしい作家の筆致はその運命に従う主人公の内部に生まれてくる「恐ろしいと同時に厳かなもの」を見事に描き出している（もっともこの掟について、リンギス自身、あるインタビューで次のように述べている。「アルバニアには一五世紀に書かれた法典、実際は紀元前にまで遡る法典があります。この社会において名誉はとりわけ重要なのですが、和解のための注釈もまた存在するのです。殺人が起こった場合でも、両家族を和解させ、血の復讐を終わらせることができるのです」）。

とはいえ、こうしたリンギスの暴力観がたんなる暴力の肯定／否定でないことは明らかだろう。むしろ、読後、読者のうちに記憶されることになるのは、暴力の持つ肉感的ななまめかしさであったり、暴力の発現される場の強度に満ちた緊張感なのである。聖なるものに対する暴力である「瀆聖」において、枢が発する誘惑に抗しきれず、その蓋をあけてしまうリンギスを誰が批判できるというのか。そして、読者は暴力が持つ別の側面、輝き（威光）について再考するように促されるのではないだろうか。

翻訳は、第一章から第七章までを金子遊が、第八章から第一六章までを小林耕二が、第一七章から第二五章までを水野友美子が担当し、訳文は三人で互いにチェックし、水野友美子が文体を統一した。訳者全員、研究分野として哲学を専攻しているわけではなく、思いがけない勘違いや誤訳もあるかもしれない。その点は、読者の批判を仰ぎたい。翻訳作業は金子遊氏の発案により始められ、その過程で水声社の編集者後藤亨真氏には大変お世話になった。記して感謝を申し上げる。

二〇一八年一二月五日

訳者を代表して　小林耕二

著者／訳者について──

アルフォンソ・リンギス（Alphonso Lingis）　一九三三年、リトアニア系移民の子としてアメリカ合衆国に生まれる。哲学者。ペンシルヴァニア州立大学名誉教授。専門は、現象学、実存主義、現代哲学、倫理学。世界各地に長期滞在しながら、哲学的かつ文化人類学的な著作を発表し続けている。主な著書に、『異邦の身体』（河出書房新社、二〇〇五）、『何も共有していない者たちの共同体』（洛北出版、二〇〇六）、『信頼』（青土社、二〇〇六）、『変形する身体』（水声社、二〇一五）などがある。

＊

水野友美子（みずのゆみこ）　一九八三年、富山県に生まれる。ロンドン大学ゴールドスミス校大学院メディア&コミュニケーション学部修士課程、一橋大学大学院社会学研究科修士課程修了。専攻、アートの人類学・映画学。主な共訳書に、ティム・インゴルド『メイキング』（左右社、二〇一七）などがある。

金子遊（かねこゆう）　一九七四年、埼玉県に生まれる。映像作家、批評家、フォークロア研究者。現在、多摩美術大学准教授、慶應義塾大学非常勤講師。主な著書に、『映像の境域』（森話社、二〇一七）、『混血列島論』（フィルムアート社、二〇一八）などがある。主な共訳書に、ティム・インゴルド『メイキング』（左右社、二〇一七）などがある。

小林耕二（こばやしこうじ）　一九六九年、広島県に生まれる。東京外国語大学を経てチェコ政府給費留学生としてカレル大学に留学。専攻、東欧文化研究（美学）、ヤン・ムカジョフスキー研究。総社土曜大学主宰。主な共訳書に、ティム・インゴルド『メイキング』（左右社、二〇一七）などがある。

装幀――宗利淳一

暴力と輝き

二〇一九年五月一五日第一版第一刷印刷　二〇一九年五月三〇日第一版第一刷発行

著者――アルフォンソ・リンギス

訳者――水野友美子＋金子遊＋小林耕二

発行者――鈴木宏

発行所――株式会社水声社

東京都文京区小石川二―七―五　郵便番号一一二―〇〇〇二

電話〇三―三八一八―六〇四〇　FAX〇三―三八一八―二四三七

［**編集部**］横浜市港北区新吉田東一―七七―一七　郵便番号二二三―〇〇五八

電話〇四五―七一七―五三五六　FAX〇四五―七一七―五三五七

郵便振替〇〇一八〇―四―六五四一〇〇

URL : http://www.suiseisha.net

印刷・製本――ディグ

乱丁・落丁本はお取り替えいたします。

ISBN978-4-8010-0409-2

叢書　人類学の転回

部分的つながり　マリリン・ストラザーン　三〇〇〇円
インディオの気まぐれな魂　エドゥアルド・ヴィヴェイロス・デ・カストロ　二五〇〇円
変形する身体　アルフォンソ・リンギス　二八〇〇円
ヴァルター・ベンヤミンの墓標　マイケル・タウシグ　三八〇〇円
多としての身体――医療実践における存在論　アネマリー・モル　三五〇〇円
作家、学者、哲学者は世界を旅する　ミシェル・セール　二五〇〇円
フレイマー・フレイムド　トリン・T・ミンハ　四〇〇〇円
流感世界――パンデミックは神話か？　フレデリック・ケック　三〇〇〇円
法が作られているとき――近代行政裁判の人類学的考察　ブルーノ・ラトゥール　四五〇〇円
非－場所――スーパーモダニティの人類学に向けて　マルク・オジェ　二五〇〇円
経済人類学――人間の経済に向けて　クリス・ハン＋キース・ハート　二八〇〇円
模倣と他者性――感覚における特有の歴史　マイケル・タウシグ　四〇〇〇円

［価格税別］